De Zéro à Héros du Dropshipping avec Shopify :

Tout ce que vous devez savoir pour réussir en 2023

Sébastien JULLIARD-BESSON – Digital Workout 2023

Préface

Dans un monde où la numérisation a transformé notre façon de vivre, de travailler et de faire des affaires, le commerce en ligne est devenu une force incontournable. Au cœur de cette révolution se trouve le dropshipping, une méthode de vente en ligne qui a permis à des milliers d'entrepreneurs de lancer leur propre entreprise avec un investissement minimal. C'est dans ce contexte que je suis ravi de vous présenter cette formation, intitulée « E-commerce en dropshipping avec Shopify en 2023 ».

Je m'appelle Sébastien JULLIARD-BESSON, et je suis un expert en e-commerce avec plus de 15 ans d'expérience dans le domaine. En tant que Chef de Projet web, j'ai eu l'occasion de travailler sur une multitude de projets de commerce en ligne, et j'ai acquis une connaissance approfondie des défis et des opportunités que présente ce secteur en constante évolution. C'est cette expertise que j'ai voulu partager avec vous à travers cette formation.

Cette formation est conçue comme un guide complet pour vous aider à naviguer dans le monde du dropshipping avec Shopify. Elle est divisée en 21 chapitres, chacun se concentrant sur un aspect différent du processus. Vous commencerez par une introduction au dropshipping, avant de plonger dans les détails de la création et de la gestion d'une boutique Shopify.

Vous apprendrez comment choisir une niche pour votre boutique, comment trouver des fournisseurs de dropshipping fiables, et comment ajouter des produits à votre boutique de manière efficace. Vous découvrirez également comment configurer les paramètres de paiement et d'expédition, comment choisir et personnaliser un thème pour votre boutique, et comment optimiser votre boutique pour le SEO.

Mais la création d'une boutique en ligne réussie ne se limite pas à la technique. C'est pourquoi cette formation couvre également des sujets tels que le marketing, le service client et l'analyse des performances. Vous découvrirez comment créer une stratégie de marketing efficace, comment utiliser le marketing par e-mail et les réseaux sociaux pour attirer et fidéliser les clients, et comment fournir un excellent service client. Vous apprendrez également comment gérer les retours, les remboursements et les avis des clients, et comment utiliser le remarketing pour augmenter les ventes.

En fin de compte, cette formation vise à vous fournir une compréhension complète du dropshipping avec Shopify, et à vous donner les outils et les connaissances nécessaires pour réussir. Que vous soyez un débutant complet ou que vous ayez déjà une certaine expérience dans le commerce en ligne, je suis convaincu que vous trouverez dans cette formation des informations précieuses et des conseils pratiques qui vous aideront à atteindre vos objectifs.

Je vous souhaite une lecture enrichissante et un parcours de dropshipping réussi,

Sébastien JULLIARD-BESSON

Chapitre 1 : Introduction au dropshipping

1. Qu'est-ce que le dropshipping ?

Le dropshipping est un modèle d'affaires de commerce électronique qui a révolutionné la façon dont les produits sont vendus et distribués. Dans le modèle traditionnel de commerce électronique, un détaillant doit acheter des stocks, les stocker dans un entrepôt, puis les expédier aux clients lorsqu'ils passent une commande. Cela nécessite un investissement initial important en stocks et en espace d'entreposage, ainsi qu'une gestion continue de l'inventaire et des expéditions.

Cependant, avec le dropshipping, le détaillant n'a pas besoin de gérer l'inventaire ou l'expédition. Au lieu de cela, ils s'associent à un dropshipper - un grossiste qui stocke ses propres produits. Lorsqu'un client passe une commande, le détaillant transmet les détails de la commande au dropshipper, qui expédie ensuite le produit directement au client. Le détaillant n'a jamais à manipuler le produit lui-même.

Cela signifie que le coût de démarrage d'une entreprise de dropshipping est beaucoup plus faible que celui d'une entreprise de commerce électronique traditionnelle. De plus, comme le détaillant n'a pas à gérer l'inventaire ou l'expédition, il peut se concentrer sur d'autres aspects de l'entreprise, comme le marketing et le service à la clientèle.

Modèle traditionnel du commerce électronique

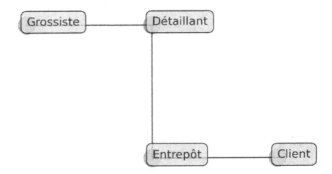

Modèle traditionnel du commerce électronique :

- Le détaillant achète des produits auprès du grossiste.
- Les produits sont stockés dans un entrepôt géré par le détaillant.
- Lorsqu'un client passe une commande, le détaillant expédie les produits depuis l'entrepôt directement au client.

Modèle de dropshipping

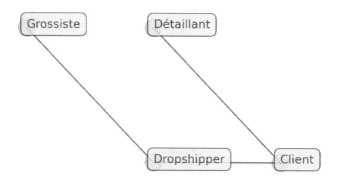

Modèle de dropshipping :

- Le détaillant s'associe à un dropshipper (qui est également un grossiste).
- Lorsqu'un client passe une commande auprès du détaillant, les détails de la commande sont transmis au dropshipper.
- Le dropshipper expédie ensuite directement les produits au client.

2. Pourquoi le dropshipping est-il populaire ?

Le dropshipping est devenu populaire pour plusieurs raisons. Tout d'abord, le coût de démarrage est beaucoup plus faible que pour une entreprise de commerce électronique traditionnelle. Comme le détaillant n'a pas à acheter d'inventaire à l'avance, il n'y a pas de coût initial important. De plus, comme le détaillant n'a pas à gérer l'inventaire ou l'expédition, il n'y a pas de coûts continus associés à ces activités.

Deuxièmement, le dropshipping offre une grande flexibilité. Un détaillant peut ajouter ou supprimer des produits de son site web à volonté, sans avoir à se soucier de l'inventaire restant. Cela permet au détaillant de tester facilement de nouveaux produits et de s'adapter rapidement aux tendances changeantes du marché.

Enfin, le dropshipping permet au détaillant de se concentrer sur ce qu'il fait de mieux : le marketing et le service à la clientèle. Au lieu de passer du temps à gérer l'inventaire et les expéditions, le détaillant peut consacrer son temps à attirer de nouveaux clients et à satisfaire les clients existants.

3. Comment démarrer une entreprise de dropshipping ?

Démarrer une entreprise de dropshipping implique plusieurs étapes. La première étape est de choisir une niche de produits. Il est important de choisir une niche qui est à la fois rentable et qui vous passionne. Une fois que vous avez choisi une niche, vous devez trouver un ou plusieurs dropshippers qui vendent les produits que vous souhaitez vendre.

Il est important de choisir un dropshipper qui est fiable et qui a une bonne réputation. Vous pouvez trouver des dropshippers en recherchant en ligne, en utilisant des annuaires de dropshipping, ou en contactant directement les fabricants des produits que vous souhaitez vendre.

Une fois que vous avez trouvé un dropshipper, vous devez créer votre site web. Il existe de nombreuses plateformes de commerce électronique qui peuvent vous aider à créer un site web professionnel sans avoir besoin de connaissances en codage. Vous devrez également choisir un nom pour votre entreprise et créer un logo.

Ensuite, vous devez ajouter les produits de votre dropshipper à votre site web. Vous devrez écrire des descriptions de produits convaincantes et prendre de belles photos de produits pour attirer les clients.

Enfin, vous devez promouvoir votre entreprise. Cela peut impliquer l'utilisation des médias sociaux, le référencement (SEO), le marketing par courriel, et d'autres stratégies de marketing en ligne.

En plus de ces étapes, si vous êtes en France, vous devrez également créer une société pour votre entreprise de dropshipping. Le processus de création d'une société en France peut varier en fonction du type de société que vous choisissez. Voici quelques étapes générales que vous devrez suivre :

a. Choisir une structure d'entreprise :

Il existe plusieurs types de structures d'entreprise en France, dont l'entreprise individuelle, la société à responsabilité limitée (SARL), la société anonyme (SA) et la société par actions simplifiée (SAS). Chaque type de structure a ses propres avantages et inconvénients, et le choix de la structure dépendra de vos besoins spécifiques.

b. Enregistrer votre entreprise :

Une fois que vous avez choisi une structure d'entreprise, vous devrez enregistrer votre entreprise. Cela implique généralement de remplir un formulaire d'enregistrement, de fournir une preuve d'adresse commerciale, et de publier un avis de constitution de société dans un journal légal.

c. Obtenir un numéro SIRET, SIREN et APE :

Ces numéros sont essentiels pour l'enregistrement de votre entreprise en France. Le numéro SIREN est un identifiant unique pour votre entreprise, tandis que le numéro SIRET est un identifiant pour chaque établissement de votre entreprise. Le code APE, quant à lui, décrit l'activité principale de votre entreprise.

d. Ouvrir un compte bancaire d'entreprise :

En France, il est généralement nécessaire d'ouvrir un compte bancaire séparé pour votre entreprise. Cela permet de séparer vos finances personnelles de celles de votre entreprise, ce qui peut faciliter la gestion de votre entreprise et la tenue de vos comptes.

e. Enregistrer votre entreprise pour la TVA :

Si votre entreprise réalise un certain niveau de chiffre d'affaires, vous devrez vous enregistrer pour la TVA.

f. Choisir un nom d'entreprise :

Vous devrez choisir un nom unique pour votre entreprise et vérifier qu'il n'est pas déjà pris. Vous pouvez effectuer une vérification simple gratuitement, ou payer pour une recherche plus détaillée. Si vous souhaitez avoir l'usage exclusif du nom que vous choisissez, vous pouvez l'enregistrer moyennant des frais.

g. Rédiger un plan d'affaires :

Un plan d'affaires est un document qui décrit votre entreprise, vos objectifs, votre stratégie de marketing, votre analyse de marché, et d'autres informations importantes sur votre entreprise. Il est généralement nécessaire de rédiger un plan d'affaires lorsque vous créez une entreprise.

h. Obtenir des conseils juridiques et comptables :

Il est conseillé de consulter un avocat et un comptable pour vous aider à naviguer dans le processus de création d'entreprise. Ils peuvent vous aider à comprendre les lois et les réglementations applicables à votre entreprise, à préparer les documents nécessaires pour enregistrer votre entreprise, et à gérer vos finances.

Il est important de noter que le processus de création d'une entreprise en France peut être complexe et nécessiter beaucoup de temps et d'efforts. Cependant, avec une bonne planification et une bonne préparation, vous pouvez créer une entreprise de dropshipping réussie en France.

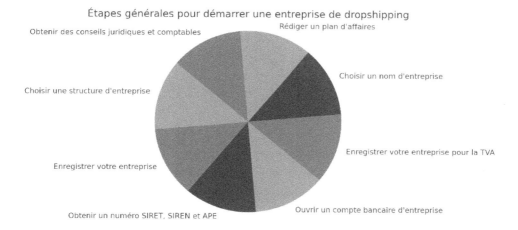

Étapes générales pour démarrer une entreprise de dropshipping

Obtenir des conseils juridiques et comptables
Rédiger un plan d'affaires
Choisir un nom d'entreprise
Choisir une structure d'entreprise
Enregistrer votre entreprise pour la TVA
Enregistrer votre entreprise
Obtenir un numéro SIRET, SIREN et APE
Ouvrir un compte bancaire d'entreprise

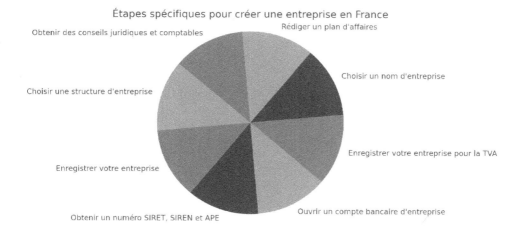

Étapes spécifiques pour créer une entreprise en France

Obtenir des conseils juridiques et comptables
Rédiger un plan d'affaires
Choisir un nom d'entreprise
Choisir une structure d'entreprise
Enregistrer votre entreprise pour la TVA
Enregistrer votre entreprise
Obtenir un numéro SIRET, SIREN et APE
Ouvrir un compte bancaire d'entreprise

4. Les avantages du dropshipping

Le dropshipping présente plusieurs avantages qui le rendent attrayant pour les entrepreneurs. Voici quelques-uns des principaux avantages du dropshipping :

a. Faible coût de démarrage :

Contrairement à une entreprise de vente au détail traditionnelle, vous n'avez pas besoin d'investir beaucoup d'argent pour démarrer une entreprise de dropshipping. Vous n'avez pas besoin d'acheter de stock à l'avance, ce qui réduit considérablement vos coûts de démarrage.

b. Facilité de gestion :

Avec le dropshipping, vous n'avez pas à vous soucier de la gestion des stocks ou de l'expédition des produits. Votre dropshipper s'occupe de tout cela pour vous.

c. Flexibilité :

Le dropshipping vous permet de travailler de n'importe où et à n'importe quel moment. Tout ce dont vous avez besoin est une connexion Internet.

d. Large sélection de produits :

Avec le dropshipping, vous pouvez vendre une grande variété de produits sans avoir à les stocker vous-même. Cela vous donne la possibilité d'offrir une large sélection de produits à vos clients.

e. Risque réduit :

Comme vous n'avez pas à acheter de stock à l'avance, le risque financier associé au démarrage d'une entreprise de dropshipping est beaucoup plus faible que celui d'une entreprise de vente au détail traditionnelle.

Cependant, il est important de noter que le dropshipping présente également des défis. Par exemple, vous devez trouver un dropshipper fiable, gérer la concurrence, et travailler avec des marges bénéficiaires plus faibles. Malgré ces défis, le dropshipping reste une excellente option pour les entrepreneurs qui cherchent à démarrer une activité professionnelle.

5. Défis du dropshipping

Bien que le dropshipping offre de nombreux avantages, il présente également des défis uniques que les entrepreneurs doivent surmonter pour réussir. Voici quelques-uns des défis les plus courants associés au dropshipping :

a. Découverte de nouveaux produits :

L'un des obstacles les plus difficiles que rencontrent les dropshippers est le besoin constant de découvrir de nouveaux produits. La durée de vie de la plupart des produits de dropshipping est d'environ 5 à 6 mois, ce qui signifie que lorsqu'un produit devient saturé, les dropshippers doivent trouver de nouveaux produits à vendre.

b. Gestion de l'entreposage :

Les entreprises de dropshipping dépendent des fournisseurs tiers pour stocker l'inventaire et expédier les produits, ce qui peut causer des problèmes de disponibilité des stocks et de délais d'expédition.

c. Problèmes de paiement :

L'exécution des commandes à partir de lieux qui n'acceptent pas certains processeurs de paiement, comme la Chine, peut également poser problème. Cela peut entraîner des problèmes avec les processeurs de paiement tels que PayPal, qui peuvent restreindre le flux de fonds en mettant en place une réserve de démarrage ou de saut sur le compte.

Pour surmonter ces défis, les dropshippers peuvent mettre en œuvre plusieurs stratégies. Par exemple, ils peuvent effectuer des recherches constantes pour identifier les produits tendance et adapter leurs offres pour répondre aux demandes changeantes de leurs clients. Ils peuvent également trouver des fournisseurs ou des entrepôts locaux et commander en vrac pour aider à résoudre les problèmes d'entreposage et d'expédition locale.

Il est également crucial de suivre certaines meilleures pratiques pour avoir une entreprise de dropshipping prospère. Par exemple, il est essentiel de mettre le client en premier, ce qui signifie créer un site web facile à utiliser et à naviguer, ce qui peut augmenter les taux de conversion et générer plus de ventes. Il est également essentiel de construire des relations solides avec les fournisseurs, ce qui peut aider les dropshippers à négocier de meilleurs prix et à garantir que la qualité des produits qu'ils vendent est de premier ordre.

6. Conclusion

Le dropshipping est une méthode de commerce électronique qui offre de nombreux avantages, notamment des coûts de démarrage faibles, une gestion facile et une grande flexibilité. Cependant, comme toute entreprise, le dropshipping présente également des défis. Il est important de comprendre ces défis et de savoir comment les surmonter pour réussir dans le dropshipping.

En outre, le dropshipping nécessite une planification et une stratégie efficaces. Il est important de choisir une niche de produits rentable, de trouver un dropshipper fiable, de créer un site web attrayant.

Chapitre 2 : Comprendre Shopify

1. Qu'est-ce que Shopify ?

Shopify est une plateforme de commerce électronique basée sur le cloud qui a été conçue pour aider les personnes et les entreprises à créer leurs propres boutiques en ligne personnalisées. Lancée en 2006, elle est aujourd'hui l'une des principales plateformes de commerce électronique au monde, avec plus d'un million de commerçants actifs dans environ 175 pays.

La mission de Shopify est simple : rendre le commerce meilleur pour tous. Et pour y parvenir, ils ont créé une plateforme qui permet à quiconque, de l'entrepreneur individuel au grand détaillant, de démarrer, de gérer et de développer son entreprise.

Shopify est plus qu'une simple plateforme de boutique en ligne. C'est une solution de commerce électronique complète qui offre une gamme de services, y compris les paiements, le marketing, l'expédition et les outils de gestion de la relation client.

a. Flexibilité et accessibilité

L'un des principaux avantages de Shopify est sa flexibilité. Que vous vendiez des produits physiques, des produits numériques, des services, des adhésions, des événements payants, des locations ou même des cours et des leçons, Shopify a les outils pour vous aider à le faire. Vous pouvez personnaliser le look de votre boutique avec des thèmes, ajouter des fonctionnalités avec des applications et vendre sur de multiples canaux de vente, y compris les réseaux sociaux et les marchés en ligne.

En plus de sa flexibilité, Shopify est également connu pour sa facilité d'utilisation. Même si vous n'avez aucune expérience en matière de conception de sites web ou de codage, vous pouvez créer une boutique en ligne attrayante et fonctionnelle. Shopify propose une interface utilisateur intuitive et des guides détaillés pour vous aider à chaque étape du processus.

b. Fonctionnalités intégrées

Shopify offre une variété de fonctionnalités intégrées pour aider les entreprises à gérer efficacement leur boutique en ligne. Par exemple, il dispose d'un tableau de bord unique où vous pouvez gérer les commandes, suivre les ventes et surveiller les performances de votre boutique. Il offre également des outils pour aider à la création, à l'exécution et à l'analyse des campagnes de marketing numérique.

En outre, Shopify propose une solution de paiement intégrée appelée Shopify Payments. Cela permet aux commerçants d'accepter les paiements par carte de crédit directement sur leur boutique, sans avoir besoin d'un compte marchand tiers. Shopify Payments est facile à configurer et offre des tarifs compétitifs.

c. Support et ressources

Shopify est réputé pour son excellent support client. Ils offrent une assistance 24/7 par chat en direct, e-mail et téléphone. De plus, ils disposent d'une vaste base de connaissances en ligne avec des guides, des tutoriels et des forums de la communauté pour aider les commerçants à résoudre les problèmes et à apprendre à utiliser la plateforme.

En plus de leur support client, Shopify offre également une variété de ressources pour aider les commerçants à réussir. Par exemple, ils ont une académie Shopify qui offre des cours gratuits sur le commerce électronique et l'entrepreneuriat. Ils ont également un blog avec des articles sur une variété de

En 2023, Shopify a continué à innover et à améliorer ses services pour aider les entreprises à se développer et à réussir. Voici quelques-unes des mises à jour et des fonctionnalités clés qui ont été introduites :

i.   Infrastructure mondiale puissante

Shopify a considérablement élargi son infrastructure mondiale, ce qui permet aux sites de se charger rapidement, peu importe où se trouvent les clients. Avec 270 points de présence à travers le monde et de nouveaux emplacements en cours de déploiement, les sites sur Shopify répondent deux fois plus rapidement.

ii.   Nouveau checkout en une page

Shopify a introduit un tout nouveau checkout en une page, inspiré par le taux de conversion éprouvé de Shop Pay. Ce nouveau checkout est plus rapide, convertit mieux et répond exactement aux attentes des clients. De plus, Shopify a introduit un éditeur de checkout par glisser-déposer qui permet aux commerçants de personnaliser facilement l'apparence de leur checkout.

iii.   Promesse de Shop

Pour aider à renforcer la confiance des clients, Shopify a introduit la "Promesse de Shop". En installant le canal Shop et en ajoutant le badge de Promesse de Shop et les dates de livraison à leur boutique, les commerçants peuvent communiquer une livraison rapide et fiable à leurs clients. Si les dates de livraison sont manquées, les clients bénéficient d'une garantie limitée.

iv.   Connexion avec Shop

Shopify a également introduit une fonctionnalité qui permet aux utilisateurs de Shop de haute intention de s'identifier avant d'atteindre le checkout avec leurs identifiants Shop, y compris les passkeys sauvegardés. Cela permet aux clients de passer rapidement par un checkout en un clic en utilisant Shop Pay, ce qui réduit les taux de rebond et augmente la conversion.

v.   Optimisation des images et points focaux

Pour améliorer la vitesse des boutiques et augmenter les taux de conversion, Shopify optimise les images pour la plus haute qualité et la taille de fichier la plus basse. Les commerçants peuvent maintenant choisir le point focal sur les images pour que leurs produits apparaissent au premier plan.

Pour aider les commerçants à surmonter le blocage de l'écrivain, Shopify a introduit une fonctionnalité qui génère automatiquement des descriptions de produits. Les commerçants peuvent entrer des mots-clés ou des caractéristiques, et le système génère une description. Cela permet de produire des descriptions convaincantes et spécifiques au ton qui convertissent mieux.

Ces améliorations et fonctionnalités montrent comment Shopify s'efforce constamment d'améliorer l'expérience pour les commerçants et leurs clients. Que vous soyez un entrepreneur individuel qui démarre ou une entreprise établie cherchant à se développer, Shopify a les outils pour vous aider à réussir.

2. Comment fonctionne Shopify ?

Shopify est une plateforme de commerce complète qui permet de démarrer, de développer et de gérer une entreprise. Elle unifie tout votre commerce sur une seule plateforme. Avec Shopify, les commerçants peuvent construire et personnaliser une boutique en ligne et vendre à plusieurs endroits, y compris le web, le mobile, en personne dans des emplacements physiques, et à travers plusieurs canaux, des médias sociaux aux marchés en ligne.

Shopify est entièrement basé sur le cloud et hébergé, ce qui signifie que vous pouvez y accéder à partir de n'importe quel appareil connecté et compatible. Shopify s'occupe des mises à jour logicielles et de la maintenance du serveur pour vous. Cela vous donne la flexibilité d'accéder et de gérer votre entreprise de n'importe où avec une connexion internet.

Le produit de Shopify peut être pensé comme des couches que vous pouvez choisir pour construire la bonne pile pour votre entreprise :

a. Couche 1 : Le produit de base de Shopify

C'est ce que vous obtenez dès que vous achetez n'importe quel plan Shopify. Il comprend tout ce dont vous avez besoin pour transformer votre idée en entreprise et commencer à vendre. Des modèles pour l'apparence de votre boutique, des outils pour vendre à plusieurs endroits en ligne et en personne, un traitement intégré des paiements, le checkout le plus convertissant sur internet, des outils de SEO et de marketing - tout cela fait partie du produit de base de Shopify. C'est la fondation sur laquelle nos autres produits et applications sont construits.

b. Couche 2 : Les produits et services supplémentaires de Shopify

Chaque entreprise indépendante est unique et à mesure que les entreprises grandissent, leurs besoins évoluent en conséquence. C'est pourquoi Shopify offre à ses clients des mises à niveau puissantes pour les aider à développer leur entreprise sur notre plateforme. De l'accès plus facile au capital aux options de paiements accélérés, ces produits et services sont exclusifs aux clients de Shopify et sont conçus pour aider les propriétaires d'entreprises indépendantes à avoir une longueur d'avance sur le marché.

c. Couche 3 : Applications construites par des partenaires de confiance

La boutique d'applications de Shopify compte des milliers d'applications et de fonctionnalités construites par des développeurs tiers pour personnaliser votre boutique sans jamais toucher au code. Vous trouverez les outils les plus avancés pour développer votre entreprise dans la boutique d'applications, que ce soit la dernière application SMS ou les outils publicitaires des nouveaux réseaux sociaux les plus en vogue.

En résumé, Shopify est conçu pour évoluer avec vous, quelle que soit votre maturité technique, votre croissance, votre taille, votre complexité, votre emplacement. Vous n'aurez jamais un accès limité à la technologie et aux fonctionnalités pour construire votre entreprise et vous ne dépasserez jamais Shopify à mesure que vos besoins changent, évoluent ou se développent.

3. Les avantages de Shopify

Shopify est une plateforme de commerce électronique qui offre de nombreux avantages pour les entreprises, en particulier celles qui vendent un grand nombre de produits physiques. Voici quelques-uns des avantages clés de l'utilisation de Shopify :

a. Facilité d'utilisation

Shopify est reconnu pour sa facilité d'utilisation. Il ne nécessite aucune compétence technique pour être utilisé. Vous n'avez pas besoin d'employer un développeur, vous pouvez mettre en place un site web en moins de 48 heures. C'est une plateforme qui a créé plus de millionnaires que tout autre outil que je n'ai jamais vu, selon Paul Waddy, expert en commerce électronique et auteur de "Shopify for Dummies".

b. Plans et tarifs flexibles

Shopify propose une gamme de plans tarifaires pour répondre aux besoins de différentes tailles d'entreprises. Que vous soyez une petite entreprise qui débute ou une grande entreprise qui gère un volume élevé de ventes, Shopify a un plan qui peut répondre à vos besoins. De plus, chaque plan offre un ensemble de fonctionnalités qui peuvent aider votre entreprise à se développer.

c. Gestion avancée des stocks et des commandes

Shopify offre des outils avancés de gestion des stocks et des commandes. Les vendeurs peuvent suivre et gérer les stocks entrants et engagés, et déplacer les stocks entre les magasins et les entrepôts. Le tableau de bord de Shopify affiche les commandes que les clients ont déjà passées. Ils peuvent trier les commandes en fonction de la méthode de réalisation ou du lieu de livraison et apporter des modifications si nécessaire avant que les commandes ne soient expédiées.

d. Intégrations avec les réseaux sociaux et les marchés en ligne

Shopify permet aux vendeurs de lister leurs produits sur Facebook, Instagram, YouTube, TikTok, Google et Walmart Marketplace. Ils peuvent choisir les plateformes qui correspondent le mieux à leur marque et à leur public, puis gérer toutes leurs commandes à partir du même tableau de bord qui alimente le reste de leur magasin Shopify.

e. Tarifs d'expédition réduits

Les vendeurs de Shopify ont accès à des tarifs d'expédition spéciaux avec des transporteurs qui incluent USPS, UPS, DHL Express et Canada Post. Shopify comprend également l'impression d'étiquettes d'expédition et jusqu'à 200 $ d'assurance par colis, ce qui peut protéger les envois contre les dommages et le vol.

f. Shopify Payments

Shopify Payments est la solution de traitement des paiements intégrée de Shopify. Il est facile à activer et permet aux entreprises d'accepter des paiements en ligne sans avoir à configurer un processeur de paiement tiers. Shopify Payments offre des tarifs compétitifs et est inclus dans tous les plans Shopify.

g. Support client

Shopify offre un support client 24/7 par chat en direct, e-mail et téléphone. Les utilisateurs ont également accès à une vaste base de connaissances en ligne.

h. Support sur les réseaux sociaux

Shopify a une présence impressionnante sur toutes les plateformes de médias sociaux. Avec près de quatre millions de likes sur Facebook, plus de 3000 publications sur Instagram et plus de 325 000 followers sur Twitter, Shopify est certainement populaire. Sur Facebook, une fois que vous naviguez vers la page de Shopify, vous pouvez démarrer un chat en direct en appuyant sur le bouton "Message". Cette méthode n'est pas aussi rapide ou efficace que d'aller directement via l'outil de chat en direct sur le site web de Shopify, cependant, elle sera certainement utile si vous êtes un utilisateur régulier de Facebook. Sur Twitter, vous pouvez tweeter Shopify avec votre requête. Bien sûr, cela a l'avantage de rendre votre demande de support client publique, ce qui signifie que Shopify devrait se soucier suffisamment de sa réputation pour répondre si elle ne l'a pas déjà fait. Sur Instagram, vous pouvez taguer Shopify dans des posts ou des stories et résumer votre problème ou votre demande de support dans la légende de l'image.

i. Webinaires et événements communautaires

Shopify propose des webinaires et des événements communautaires pour aider les utilisateurs à en savoir plus sur l'utilisation de la plateforme. Les webinaires sont gratuits et ont lieu tous les jours. Ils couvrent une variété de sujets, allant de la migration d'Etsy à Shopify à l'installation de l'application Google Shopping avec Shopify. Les événements communautaires sont des rencontres en personne où vous pouvez apprendre de Shopify et de vos pairs. Que ce soit un séminaire pour vous aider à vous lancer en ligne avec Shopify à Miami ou quelques conseils de commerce électronique festifs à Manille, il y a quelque chose pour tout le monde, partout.

j. Chaîne YouTube de Shopify

La chaîne YouTube de Shopify est une autre ressource précieuse pour les utilisateurs. Elle est remplie de guides audiovisuels couvrant tout, de la façon de s'inscrire pour un essai gratuit à la sélection d'un fournisseur de paiement. Les 333 000 abonnés attestent de sa valeur.

k. Shopify App Store

L'App Store de Shopify est un autre avantage majeur de la plateforme. Il offre une multitude d'applications qui peuvent être intégrées à votre boutique pour améliorer ses fonctionnalités. Que vous ayez besoin d'une application pour gérer vos inventaires, pour automatiser vos e-mails marketing ou pour améliorer le SEO de votre boutique, vous êtes susceptible de la trouver dans l'App Store de Shopify.

l. Sécurité

Shopify est une plateforme très sécurisée. Elle est conforme à la norme PCI DSS niveau 1, ce qui signifie qu'elle respecte les normes les plus élevées en matière de sécurité des données de carte de crédit. De plus, toutes les boutiques Shopify sont automatiquement équipées d'un certificat SSL gratuit pour sécuriser les informations de vos clients.

m. Shopify POS

Shopify POS (Point of Sale) est une application qui vous permet de vendre des produits en personne tout en gardant toutes vos données de vente et d'inventaire synchronisées. Voici quelques-uns des avantages de Shopify POS :

i. Gestion des commandes et des produits

Shopify POS Lite, disponible gratuitement avec le plan d'entrée de gamme de Shopify, offre des fonctionnalités de gestion des commandes et des produits. Cela signifie que vous pouvez suivre les commandes des clients et gérer votre inventaire directement à partir de l'application.

ii. Permissions du personnel et des rôles

Avec le plan Shopify, qui coûte 79 $ par mois avec une facturation annuelle, vous obtenez des fonctionnalités supplémentaires telles que les permissions du personnel et des rôles. Cela est particulièrement utile pour les entreprises qui ont plusieurs personnes gérant leur site.

iii. Vente omnicanale

Le plan Shopify offre également la vente omnicanale, ce qui signifie que vous pouvez vendre vos produits à travers une variété de canaux de vente, tout en gardant toutes vos données synchronisées.

iv. Gestion des stocks et analyse en magasin

Pour ceux qui ont un espace de vente au détail physique, le plan Shopify offre des fonctionnalités de gestion des stocks et d'analyse en magasin.

v. Facilité d'utilisation

Shopify POS est connu pour son interface conviviale, ce qui le rend facile à utiliser et à naviguer. Cependant, il offre des options de personnalisation limitées au-delà des bases.

vi. Sécurité

La sécurité est une priorité pour Shopify POS, qui offre une encryption SSL standard de l'industrie pour assurer que les données transmises entre les appareils et les serveurs sont sécurisées. De plus, il dispose d'outils intégrés de prévention de la fraude pour aider à détecter et prévenir l'activité frauduleuse.

vii. Conformité PCI

Shopify POS est conforme à la norme de sécurité des données de l'industrie des cartes de paiement (PCI DSS) et subit des audits réguliers pour assurer une conformité continue.

Shopify offre un support client via un bot qui préqualifie si vous pouvez être mis directement en contact avec un humain pour répondre à vos questions. Il existe également plusieurs options d'auto-assistance, notamment une FAQ, le centre d'aide de Shopify et la communauté Shopify.

n. Shopify Academy

Shopify Academy est une plateforme d'apprentissage en ligne gratuite qui offre des cours sur une variété de sujets liés au commerce électronique. Que vous soyez un débutant qui cherche à apprendre les bases du commerce électronique ou un vendeur expérimenté qui cherche à affiner ses compétences, Shopify Academy a quelque chose pour vous.

o. Shopify Experts

Shopify Experts est un répertoire de professionnels indépendants et d'agences qui peuvent aider les entreprises à développer et à améliorer leur boutique Shopify. Que vous ayez besoin d'aide pour la conception de votre boutique, le développement de votre boutique, le marketing, le SEO, la photographie, ou même la rédaction de contenu, vous pouvez trouver un expert Shopify pour vous aider. Voici quelques-uns des avantages de l'utilisation de Shopify Experts :

i.   Expertise spécialisée

Les experts Shopify ont une connaissance approfondie de la plateforme Shopify et sont spécialisés dans différents domaines. Que vous ayez besoin d'aide pour la conception de votre boutique, le développement de votre boutique, le marketing, le SEO, la photographie, ou même la rédaction de contenu, vous pouvez trouver un expert Shopify pour vous aider.

ii.   Réseau étendu

Les experts Shopify ont construit d'énormes réseaux. Ils sont connectés à des individus, des entreprises et des organisations du monde entier qui offrent des services spécialisés tels que le marketing, la conception web, la création de contenu, l'analyse et plus encore. Cela leur donne accès à une variété de services pour aider leurs clients à réussir.

iii.   Compréhension approfondie de Shopify

Grâce à leur réseau étendu, les experts Shopify ont une compréhension profonde des défis et des opportunités uniques de la plateforme Shopify. Ils peuvent donc développer des solutions personnalisées pour leurs clients.

iv.   Accès à des ressources

Les experts Shopify ont accès à une multitude de ressources pour aider leurs clients à réussir. C'est aussi la principale raison pour laquelle de nombreux vendeurs en ligne sont prêts à investir de l'argent pour embaucher un expert Shopify approprié pour leur boutique.

Pour embaucher un expert Shopify, il est recommandé de définir vos exigences commerciales, de faire une recherche rapide pour les experts Shopify certifiés, de vérifier les portfolios et les avis des experts, de discuter du prix et des exigences du travail, d'organiser une entrevue, et enfin de signer un contrat avec l'expert.

En résumé, Shopify offre une multitude d'avantages qui en font une plateforme de commerce électronique attrayante pour les entreprises de toutes tailles. Que vous soyez un débutant dans le commerce électronique ou un vendeur expérimenté, Shopify a quelque chose à offrir pour vous aider à réussir dans votre entreprise en ligne.

4. Comment commencer avec Shopify pour le Dropshipping

a. Inscription sur Shopify

La première étape pour commencer avec Shopify est de s'inscrire sur leur plateforme. Vous pouvez le faire en visitant leur site web et en cliquant sur le bouton "Commencer". Vous devrez fournir quelques informations de base, comme votre adresse e-mail, un mot de passe et le nom de votre boutique. Il est important de noter que le nom de votre boutique doit être unique, donc si le nom que vous avez choisi est déjà pris, vous devrez en choisir un autre.

b. Configuration de votre boutique

Une fois que vous avez créé votre compte, vous serez dirigé vers le tableau de bord de votre boutique. Ici, vous pouvez commencer à configurer votre boutique en ajoutant des produits, en personnalisant le design de votre boutique, en configurant vos paramètres de paiement et d'expédition, et plus encore.

c. Ajout de produits

L'ajout de produits à votre boutique Shopify est un processus simple. Vous pouvez le faire en allant dans la section "Produits" de votre tableau de bord et en cliquant sur "Ajouter un produit". Vous devrez fournir des informations sur le produit, comme son nom, son prix, sa description, et vous pouvez également ajouter des images du produit.

d. Personnalisation du design de votre boutique

Shopify offre une variété de thèmes que vous pouvez utiliser pour personnaliser le design de votre boutique. Vous pouvez accéder à ces thèmes en allant dans la section "Thèmes" de votre tableau de bord. Vous pouvez choisir parmi les thèmes gratuits offerts par Shopify, ou vous pouvez choisir d'acheter un thème premium.

e. Configuration des paramètres de paiement et d'expédition

Pour recevoir des paiements de vos clients et organiser l'expédition de vos produits, vous devrez configurer vos paramètres de paiement et d'expédition. Vous pouvez le faire en allant dans la section "Paramètres" de votre tableau de bord et en sélectionnant "Paiements" et "Expédition".

f. Lancement de votre boutique

Une fois que vous avez configuré votre boutique et que vous êtes prêt à commencer à vendre, vous pouvez lancer votre boutique en allant dans la section "Paramètres" de votre tableau de bord et en sélectionnant "Préférences". Ici, vous pouvez supprimer le mot de passe de votre boutique, ce qui permettra aux clients de visiter et d'acheter dans votre boutique.

g. Gestion de votre boutique

Après le lancement de votre boutique, vous devrez la gérer en ajoutant de nouveaux produits, en traitant les commandes des clients, en répondant aux questions des clients, et plus encore. Shopify offre une variété d'outils pour vous aider à gérer votre boutique, y compris un tableau de bord pour suivre vos ventes et vos performances, une section pour gérer vos produits et vos commandes, et une section pour communiquer avec vos clients.

h. Utilisation de Shopify pour le dropshipping

Shopify est une excellente plateforme pour le dropshipping. Avec Shopify, vous pouvez facilement ajouter des produits de fournisseurs dropshipping à votre boutique et lorsque ces produits sont vendus, le fournisseur s'occupe de l'expédition. Voici comment vous pouvez utiliser Shopify pour le dropshipping :

i.   *Installer l'application de dropshipping Oberlo*

Shopify a développé sa propre application de dropshipping, Oberlo, pour assurer une intégration sans friction avec la plateforme. Vous pouvez aller sur le Shopify App Store et installer Oberlo pour connecter votre boutique Shopify à des milliers de fournisseurs sur AliExpress.

ii.   *Synchroniser Shopify et Oberlo avec votre compte AliExpress*

Cela débloque des fonctionnalités utiles comme une mise à jour automatique des quantités de commande directement à partir des fournisseurs.

iii.   *Parcourir les produits sur Oberlo et importer les données des produits que vous aimez directement dans votre boutique Shopify*

Cela ne prend que quelques clics car le processus est entièrement automatisé. Vous pouvez trier les produits par nombre de commandes pour savoir lesquels se vendent le mieux sur les sites de dropshipping.

iv.   *Modifier les descriptions, images et détails des variantes des produits avant de les importer*

C'est une étape optionnelle mais recommandée pour personnaliser votre catalogue de produits.

v.   *Exécuter les commandes avec Oberlo*

Après qu'un client a acheté un produit dans votre boutique Shopify, vous pouvez utiliser Oberlo pour exécuter la commande. Le processus est entièrement automatisé et ne prend que quelques clics.

vi.   *Envoyer la commande au fournisseur dropshipper*

Assurez-vous que vous êtes connecté à votre compte AliExpress et que vous avez installé l'extension Chrome Oberlo. Vérifiez que tous les détails de la commande sont corrects, en particulier la méthode d'expédition, et envoyez la commande au dropshipper.

vii.   *Gérer les retours et les remboursements*

Même si vous n'avez rien à voir avec la gestion de l'expédition et la gestion des produits dans votre boutique, vous êtes responsable de traiter les plaintes des clients sur toutes sortes de problèmes que vous ne contrôlez pas, comme une commande incomplète, une mauvaise couleur ou un emballage endommagé.

viii.   *Éviter les erreurs coûteuses*

Si vous êtes nouveau dans le dropshipping avec Shopify, il peut y avoir une courbe d'apprentissage. Une erreur bête comme payer pour des annonces Google alors que le produit était en rupture de stock ou insérer un mauvais lien vers des annonces Facebook peut vous coûter de l'argent.

ix.   *Tester le marché*

Le dropshipping vous permet de tester de nouveaux produits ou marchés sans trop vous engager. Par exemple, vous pouvez ajouter de nouveaux produits à votre boutique et voir comment ils se vendent avant de décider d'investir plus de ressources dans ces produits.

x.   *Trouver des fournisseurs de dropshipping autres qu'AliExpress*

Si vous voulez commencer à faire du dropshipping avec des fournisseurs autres qu'AliExpress, vous pouvez utiliser des annuaires de fournisseurs de dropshipping. Ils sont d'énormes bases de données de grossistes, fournisseurs et fabricants. Voici quelques méthodes pour trouver ces fournisseurs :

- **Appeler le fabricant** : si vous savez quel produit vous voulez dropshipper, appelez le fabricant et demandez une liste de ses grossistes dropshipping. Vous pouvez ensuite contacter ces grossistes pour voir s'ils font du dropshipping et vous renseigner sur la création d'un compte.
- **Recherche sur Google** : les grossistes sont généralement mauvais en marketing et promotion, et ils ne seront certainement pas en haut des résultats de recherche pour "fournisseurs en gros pour produit X". Cela signifie que vous devrez probablement fouiller à travers beaucoup de résultats de recherche - peut-être des centaines - pour trouver le site web du grossiste.

- **Commander chez la concurrence** : si vous avez du mal à localiser les fournisseurs de produits pour le dropshipping, vous pouvez toujours utiliser l'astuce de la "commande chez la concurrence". Voici comment cela fonctionne : trouvez un concurrent que vous pensez être en dropshipping et passez une petite commande chez cette entreprise. Lorsque vous recevez le colis, recherchez l'adresse de retour pour savoir qui était l'expéditeur original. Dans certains cas, il s'agira d'un fournisseur que vous pourrez contacter.
- **Assister à un salon commercial** : un salon commercial vous permet de vous connecter avec tous les principaux fabricants et grossistes dans une niche. C'est un excellent moyen de nouer des contacts et de rechercher vos produits et fournisseurs, tout en un seul endroit.
- **Tester le marché** : le dropshipping vous permet de tester de nouveaux produits ou marchés sans trop vous engager. Par exemple, vous pouvez ajouter de nouveaux produits à votre boutique et voir comment ils se vendent avant de décider d'investir plus de ressources dans ces produits.
- **Utiliser des annuaires de fournisseurs de dropshipping** : certains des meilleurs fournisseurs de dropshipping sont répertoriés dans des annuaires de fournisseurs de dropshipping. Ces annuaires sont d'énormes bases de données de grossistes, de fournisseurs et de fabricants. Parmi les plus populaires, on trouve AliExpress, Alibaba, SaleHoo, Worldwide Brands, Doba, Sunrise Wholesale, Wholesale2B, MegaGoods, Modalyst, Wholesale Central, Spocket, CJDropshipping et Crov.

En résumé, Shopify est une plateforme puissante qui offre une multitude d'outils pour aider à la création et à la gestion d'une boutique en ligne. Que vous soyez un entrepreneur débutant ou expérimenté, Shopify a quelque chose à offrir à tout le monde.

5. Shopify et le Dropshipping

Le dropshipping est un modèle commercial qui permet aux entrepreneurs de vendre des produits fabriqués, entreposés et expédiés par des fournisseurs tiers depuis leur propre boutique en ligne. Shopify est une plateforme de commerce électronique qui facilite grandement le dropshipping grâce à ses nombreuses fonctionnalités et intégrations.

a. Comment fonctionne le dropshipping avec Shopify ?

Avec Shopify, le dropshipping est simplifié grâce à une variété d'applications qui se connectent directement aux fournisseurs. Ces applications automatisent le processus d'expédition en fabriquant, stockant et expédiant les produits en votre nom. Parmi les applications populaires de dropshipping sur Shopify, on trouve Spocket, DSers et Modalyst.

Spocket inclut des produits de fournisseurs de dropshipping aux États-Unis, au Canada, en Europe, en Australie, au Brésil et plus encore. L'application se synchronise également avec AliExpress, permettant aux utilisateurs d'importer des produits directement dans leurs boutiques Shopify.

DSers permet aux marchands de rechercher, d'importer et de modifier les données des produits des fournisseurs sur AliExpress. Une fonctionnalité notable est la possibilité de comparer les dropshippers d'AliExpress qui vendent les mêmes produits, permettant aux marchands de trouver le meilleur prix pour leurs produits.

Modalyst, comme les autres options, se synchronise également avec AliExpress, facilitant l'importation de produits directement dans la boutique Shopify. Modalyst propose également des listes organisées de marques indépendantes ainsi que des marques plus haut de gamme comme Calvin Klein et Dolce & Gabbana.

Chapitre 3 : Comment créer une boutique Shopify

Shopify est une plateforme de commerce électronique qui permet à quiconque de créer une boutique en ligne et de vendre des produits. Que vous vendiez en ligne, sur les réseaux sociaux, en magasin ou depuis le coffre de votre voiture, Shopify a une solution pour vous. Voici comment vous pouvez créer votre propre boutique Shopify.

1. Étape 1 : Inscription sur Shopify

La première étape pour créer une boutique Shopify est de s'inscrire sur Shopify. Cette étape, bien que simple en apparence, est cruciale pour le succès de votre entreprise. Elle pose les fondations de votre boutique en ligne et vous permet de commencer à construire votre présence en ligne.

a. Visiter le site Web de Shopify

Pour commencer, vous devez visiter le site Web de Shopify. Vous pouvez le faire en ouvrant votre navigateur Web et en tapant "www.shopify.com" dans la barre d'adresse. Une fois que vous êtes sur le site Web de Shopify, vous verrez une page d'accueil avec plusieurs options. Vous pouvez en apprendre plus sur les fonctionnalités de Shopify, lire des témoignages de clients satisfaits, ou même consulter leur blog pour obtenir des conseils sur le commerce électronique. Cependant, pour l'instant, votre objectif est de créer une boutique, alors cherchez le bouton "Commencer" ou "Essai gratuit" et cliquez dessus.

b. Création d'un compte

Après avoir cliqué sur le bouton "Commencer", vous serez dirigé vers une page où vous pourrez créer un compte. La création d'un compte est un processus simple qui ne devrait prendre que quelques minutes. Vous devrez fournir une adresse e-mail valide, créer un mot de passe et donner un nom à votre boutique.

Lorsque vous choisissez une adresse e-mail, assurez-vous d'utiliser une adresse que vous consultez régulièrement. Shopify utilisera cette adresse pour vous envoyer des informations importantes sur votre boutique, comme des notifications de vente, des mises à jour de produits et des conseils pour améliorer votre boutique.

Le choix d'un mot de passe est également crucial. Votre mot de passe protège votre boutique contre l'accès non autorisé, il doit donc être fort et sécurisé. Essayez d'utiliser une combinaison de lettres, de chiffres et de symboles pour rendre votre mot de passe plus difficile à deviner.

Enfin, vous devrez donner un nom à votre boutique. Le nom de votre boutique est important car il représente votre marque et donne aux clients une première impression de votre entreprise. Essayez de choisir un nom qui est unique, facile à retenir, et qui donne une idée de ce que vous vendez.

c. Finalisation de l'inscription

Une fois que vous avez rempli ces informations, vous pouvez cliquer sur "Créer votre boutique". Shopify traitera alors vos informations et créera votre boutique. Ce processus peut prendre quelques minutes, alors soyez patient.

Pendant que vous attendez, vous pouvez commencer à réfléchir à la prochaine étape de la création de votre boutique Shopify : la configuration de votre boutique. Vous devrez choisir un thème pour votre boutique, ajouter des produits, et configurer vos paramètres de paiement et d'expédition. Chacune de ces étapes est cruciale pour le succès de votre boutique, alors prenez le temps de réfléchir à vos options et de planifier en conséquence.

En conclusion, l'inscription sur Shopify est une étape simple mais importante dans la création de votre boutique en ligne. En prenant le temps de choisir une adresse e-mail appropriée, un mot de passe sécurisé et un nom de boutique unique, vous pouvez poser les bases d'une boutique en ligne réussie.

2. Étape 2 : Configuration de votre boutique

Après avoir créé votre compte Shopify et nommé votre boutique, l'étape suivante consiste à configurer votre boutique. Cette étape est essentielle pour assurer le bon fonctionnement de votre boutique et pour offrir à vos clients une expérience d'achat agréable et sans tracas. La configuration de votre boutique comprend plusieurs sous-étapes, notamment la personnalisation de votre boutique, l'ajout de produits et la configuration de vos paramètres.

a. Accéder au tableau de bord de votre boutique

Une fois que vous avez créé votre boutique, vous serez dirigé vers le tableau de bord de votre boutique. Le tableau de bord est l'endroit où vous gérerez tous les aspects de votre boutique, de l'ajout de produits à la surveillance des ventes. Il est conçu de manière intuitive, ce qui facilite la navigation et la gestion de votre boutique.

Sur le tableau de bord, vous verrez plusieurs options dans le menu de gauche, notamment "Accueil", "Commandes", "Produits", "Clients", "Analytique", "Marketing", "Réductions" et "Applications". Chaque option vous permet de gérer un aspect différent de votre boutique.

b. Personnalisation de votre boutique

La personnalisation de votre boutique est une étape importante pour créer une identité de marque forte et pour attirer et retenir les clients. Shopify offre une variété d'options de personnalisation qui vous permettent de donner à votre boutique l'apparence et la sensation que vous désirez.

Pour commencer à personnaliser votre boutique, cliquez sur "Thèmes" dans le menu de gauche de votre tableau de bord. Ici, vous pouvez choisir un thème pour votre boutique, personnaliser ce thème et prévisualiser votre boutique.

Le choix d'un thème est une décision importante car il détermine l'apparence de votre boutique. Shopify propose une variété de thèmes gratuits et payants que vous pouvez utiliser. Chaque thème a un style et un design différents, alors prenez le temps de parcourir les thèmes disponibles et choisissez celui qui correspond le mieux à votre marque et à vos produits.

Une fois que vous avez choisi un thème, vous pouvez le personnaliser pour qu'il corresponde à votre marque. Vous pouvez changer les couleurs, les polices, les images, et plus encore. Prenez le temps de personnaliser chaque aspect de votre thème pour créer une boutique qui reflète votre marque et attire vos clients.

c. Ajout de produits à votre boutique

L'ajout de produits à votre boutique est une autre étape importante de la configuration de votre boutique. Sans produits, vous n'avez rien à vendre, et sans rien à vendre, vous ne pouvez pas faire de commerce électronique.

Pour ajouter des produits à votre boutique, cliquez sur "Produits" dans le menu de gauche de votre tableau de bord. Ici, vous pouvez ajouter des produits, créer des collections de produits et gérer votre inventaire.

Lorsque vous ajoutez un produit, vous devrez fournir des informations sur le produit, comme le titre, la description, le prix, et les images. Assurez-vous de fournir des informations précises et détaillées pour aider vos clients à comprendre ce qu'ils achètent.

d. Configuration de vos paramètres

La configuration de vos paramètres est la dernière étape de la configuration de votre boutique. Vos paramètres incluent des choses comme vos informations de facturation, vos paramètres de paiement, vos paramètres d'expédition, et plus encore.

Pour accéder à vos paramètres, cliquez sur "Paramètres" dans le menu de gauche de votre tableau de bord. Ici, vous verrez plusieurs options, y compris "Général", "Paiements", "Expédition", "Taxes", "Notifications", "Facturation", "Files", "Sales Channels", "Plan and permissions", "Store languages",

"Checkout", "Legal", "Gift cards", "Google Shopping", "Metafields", and "Shipping and delivery".

Chaque option vous permet de configurer un aspect différent de votre boutique. Par exemple, les paramètres "Général" vous permettent de modifier les informations de base de votre boutique, comme votre adresse e-mail, votre devise, et votre fuseau horaire. Les paramètres "Paiements" vous permettent de choisir comment vous acceptez les paiements de vos clients. Les paramètres "Expédition" vous permettent de configurer vos options d'expédition et de calculer les frais d'expédition.

Il est important de prendre le temps de passer en revue chaque option et de configurer vos paramètres en fonction de vos besoins et de ceux de vos clients. Une bonne configuration de vos paramètres peut améliorer l'expérience d'achat de vos clients et faciliter la gestion de votre boutique.

e. Conclusion

La configuration de votre boutique Shopify est une étape cruciale dans la création de votre boutique en ligne. En prenant le temps de personnaliser votre boutique, d'ajouter des produits, et de configurer vos paramètres, vous pouvez créer une boutique qui reflète votre marque, attire vos clients, et facilite la gestion de votre entreprise.

Cependant, la configuration de votre boutique n'est que le début. Une fois que votre boutique est configurée, vous devrez travailler à la promotion de votre boutique, à l'engagement de vos clients, et à l'optimisation de votre boutique pour augmenter les ventes et la satisfaction des clients. Mais avec une boutique bien configurée, vous avez déjà fait un grand pas en avant vers le succès de votre entreprise de commerce électronique.

3. Étape 3 : Ajout de produits

L'ajout de produits à votre boutique Shopify est une étape essentielle pour donner vie à votre boutique en ligne. C'est à ce moment que vous commencerez à construire votre catalogue de produits, à définir votre offre et à montrer à vos clients ce que vous avez à offrir. Dans le contexte du dropshipping, cette étape implique également la sélection de produits auprès de fournisseurs tiers et leur ajout à votre boutique. Shopify facilite ce processus grâce à une variété d'applications qui peuvent aider à automatiser le processus de dropshipping.

a. Accéder à la section "Produits" de votre tableau de bord

Pour commencer à ajouter des produits à votre boutique Shopify, vous devrez accéder à la section "Produits" de votre tableau de bord. Pour ce faire, connectez-vous à votre compte Shopify, puis cliquez sur "Produits" dans le menu de gauche de votre tableau de bord. Cela vous amènera à une page où vous pouvez voir tous les produits que vous avez déjà ajoutés à votre boutique et où vous pouvez ajouter de nouveaux produits.

b. Ajout d'un produit

Pour ajouter un produit, cliquez sur le bouton "Ajouter un produit" sur la page des produits. Cela vous amènera à une nouvelle page où vous pouvez entrer des informations sur le produit que vous ajoutez.

Lorsque vous ajoutez un produit, vous devrez fournir plusieurs informations, notamment le titre du produit, la description, les images, le prix, et plus encore. Chaque information que vous fournissez aide à informer vos clients sur le produit et à les aider à prendre une décision d'achat.

Le titre du produit est le nom que vos clients verront lorsqu'ils parcourront votre boutique. Il doit être clair et descriptif, tout en étant suffisamment concis pour être facilement lisible.

La description du produit est l'endroit où vous pouvez donner plus de détails sur le produit. Vous pouvez y inclure des informations sur les caractéristiques du produit, son utilisation, ses avantages, et tout autre détail qui pourrait être utile à vos clients. Assurez-vous d'être aussi détaillé que possible dans vos descriptions de produits pour aider vos clients à comprendre ce qu'ils achètent.

Les images du produit sont également essentielles. Elles permettent à vos clients de voir à quoi ressemble le produit et de se faire une idée de ce à quoi ils peuvent s'attendre s'ils achètent le produit. Essayez d'inclure plusieurs images qui montrent le produit sous différents angles et dans différents contextes d'utilisation.

Le prix du produit est bien sûr l'un des facteurs les plus importants qui influencent la décision d'achat de vos clients. Assurez-vous de fixer un prix qui reflète la valeur du produit, tout en tenant compte de vos coûts et de votre stratégie de tarification.

c. Dropshipping et applications Shopify

Dans le contexte du dropshipping, l'ajout de produits à votre boutique peut impliquer quelques étapes supplémentaires. Au lieu de stocker les produits vous-même, vous travaillerez avec un fournisseur tiers qui stockera et expédiera les produits en votre nom. Cela signifie que vous devrez choisir des produits à vendre à partir du catalogue de votre fournisseur.

Shopify facilite le dropshipping grâce à une variété d'applications qui peuvent aider à automatiser le processus. Des applications comme Oberlo, Spocket et Modalyst peuvent vous aider à trouver des fournisseurs de dropshipping, à importer des produits dans votre boutique Shopify et à automatiser le processus d'expédition.

Oberlo, par exemple, est une application populaire qui vous permet de trouver des produits à vendre à partir de divers fournisseurs de dropshipping. Vous pouvez parcourir leur catalogue de produits, choisir les produits que vous souhaitez vendre, et les importer directement dans votre boutique Shopify. Lorsqu'un client achète un produit, la commande est automatiquement envoyée au fournisseur qui se charge de l'expédition.

Spocket et Modalyst fonctionnent de manière similaire, mais offrent des catalogues de produits différents et peuvent avoir des fonctionnalités supplémentaires. Par exemple, Spocket se concentre sur les fournisseurs basés aux États-Unis et en Europe, tandis que Modalyst offre une gamme de produits de marque indépendante.

L'utilisation de ces applications peut grandement simplifier le processus de dropshipping et vous permettre de gérer votre boutique plus efficacement. Cependant, il est important de faire vos recherches et de choisir les produits et les fournisseurs qui correspondent le mieux à votre marque et à vos clients.

d. Gestion de l'inventaire

Dans le cadre de la configuration de vos produits, vous devrez également gérer votre inventaire. Shopify facilite la gestion de l'inventaire en vous permettant de suivre le nombre de chaque produit que vous avez en stock. Si vous faites du dropshipping, l'inventaire sera géré par votre fournisseur, mais vous devrez toujours suivre les niveaux d'inventaire pour vous assurer que vous ne vendez pas de produits qui sont en rupture de stock.

Pour gérer votre inventaire, allez à la page "Produits" de votre tableau de bord Shopify et cliquez sur le produit que vous souhaitez gérer. Ici, vous pouvez définir le nombre de produits disponibles, activer le suivi de l'inventaire, et configurer les notifications pour être averti lorsque le niveau d'inventaire est faible.

e. Conclusion

L'ajout de produits à votre boutique Shopify est une étape essentielle pour donner vie à votre boutique en ligne. Que vous vendiez vos propres produits ou que vous fassiez du dropshipping, il est important de choisir des produits de qualité, de fournir des informations détaillées et précises sur les produits, et de gérer efficacement votre inventaire. Avec les outils et les fonctionnalités de Shopify, vous pouvez facilement ajouter des produits à votre boutique et commencer à vendre.

4. Étape 4 : Configuration des paramètres de paiement et d'expédition

Une fois que vous avez ajouté des produits à votre boutique Shopify, l'étape suivante consiste à configurer vos paramètres de paiement et d'expédition. Ces paramètres sont essentiels pour assurer une expérience d'achat fluide pour vos clients et pour garantir que vous recevez les paiements de manière efficace et sécurisée.

a. Configuration des paramètres de paiement

La première partie de cette étape consiste à configurer vos paramètres de paiement. Shopify offre une variété d'options de paiement que vous pouvez offrir à vos clients, y compris les cartes de crédit, PayPal, Apple Pay, et plus encore.

Pour configurer vos paramètres de paiement, allez dans le tableau de bord de votre boutique Shopify et cliquez sur "Paramètres", puis sur "Paiements". Ici, vous verrez une liste des différents fournisseurs de paiement que vous pouvez utiliser.

Shopify Payments est le fournisseur de paiement par défaut de Shopify et est une option populaire pour de nombreux propriétaires de boutiques. Il offre une intégration transparente avec votre boutique Shopify, accepte une variété de méthodes de paiement, et offre des tarifs compétitifs. Pour activer Shopify Payments, cliquez sur "Activer" à côté de Shopify Payments et suivez les instructions pour configurer votre compte.

Si vous préférez utiliser un autre fournisseur de paiement, ou si vous souhaitez offrir plusieurs options de paiement à vos clients, vous pouvez également activer d'autres fournisseurs de paiement. Cliquez simplement sur "Choisir un fournisseur de paiement alternatif" et sélectionnez le fournisseur de paiement que vous souhaitez utiliser.

Il est important de noter que différents fournisseurs de paiement peuvent avoir des frais différents, des options de paiement différentes, et des exigences différentes pour l'utilisation de leurs services. Assurez-vous d'effectuer vos recherches et de choisir le fournisseur de paiement qui correspond le mieux à vos besoins et à ceux de vos clients.

b. Configuration des paramètres d'expédition

La deuxième partie de cette étape consiste à configurer vos paramètres d'expédition. Ces paramètres déterminent comment et où vous expédiez vos produits, combien vous facturez pour l'expédition, et quelles options d'expédition vous offrez à vos clients.

Pour configurer vos paramètres d'expédition, allez dans le tableau de bord de votre boutique Shopify et cliquez sur "Paramètres", puis sur "Expédition". Ici, vous verrez plusieurs options pour configurer vos paramètres d'expédition.

La première chose que vous devrez faire est de configurer vos zones d'expédition. Les zones d'expédition sont les régions géographiques où vous êtes prêt à expédier vos produits. Pour chaque zone d'expédition, vous pouvez définir des tarifs d'expédition spécifiques et des méthodes d'expédition.

Pour ajouter une zone d'expédition, cliquez sur "Ajouter une zone d'expédition", donnez un nom à votre zone, puis sélectionnez les pays ou les régions qui font partie de cette zone. Une fois que vous avez ajouté les pays ou les régions, vous pouvez définir vos tarifs d'expédition pour cette zone.

Les tarifs d'expédition sont les frais que vous facturez à vos clients pour l'expédition de leurs produits. Vous pouvez définir des tarifs d'expédition fixes, des tarifs basés sur le poids, ou des tarifs basés sur le prix. Vous pouvez également offrir la livraison gratuite, ce qui peut être un puissant incitatif pour les clients.

En plus de définir vos tarifs d'expédition, vous pouvez également choisir les méthodes d'expédition que vous offrez. Par exemple, vous pouvez offrir une expédition standard, une expédition express, ou une expédition en jour même. Chaque méthode d'expédition peut avoir des tarifs d'expédition différents, alors assurez-vous de définir des tarifs pour chaque méthode que vous offrez.

Si vous faites du dropshipping, vous devrez également prendre en compte les paramètres d'expédition de votre fournisseur. Certains fournisseurs peuvent offrir la livraison gratuite, tandis que d'autres peuvent facturer des frais d'expédition. Assurez-vous de comprendre les politiques d'expédition de votre fournisseur et de les prendre en compte lorsque vous configurez vos propres paramètres d'expédition.

c. Conclusion

La configuration des paramètres de paiement et d'expédition est une étape essentielle pour assurer une expérience d'achat fluide pour vos clients et pour garantir que vous recevez les paiements de manière efficace et sécurisée. En prenant le temps de configurer correctement ces paramètres, vous pouvez offrir à vos clients une variété d'options de paiement et d'expédition, ce qui peut aider à augmenter les ventes et la satisfaction des clients.

5. Étape 5 : Choix et personnalisation d'un thème pour votre boutique

L'apparence de votre boutique en ligne joue un rôle crucial dans l'expérience d'achat de vos clients. Un design attrayant et professionnel peut aider à attirer les clients, à renforcer la crédibilité de votre marque et à augmenter les conversions. Shopify propose une variété de thèmes que vous pouvez utiliser pour votre boutique, chacun offrant une palette unique de styles, de fonctionnalités et de personnalisation.

a. Sélection d'un thème Shopify

Pour choisir un thème pour votre boutique Shopify, commencez par naviguer vers la section "Thèmes" de votre tableau de bord Shopify. Vous pouvez y accéder en cliquant sur "Thèmes" dans le menu de gauche de votre tableau de bord.

Une fois que vous êtes dans la section "Thèmes", vous verrez une variété de thèmes gratuits et payants que vous pouvez choisir. Les thèmes gratuits sont une excellente option si vous débutez ou si vous avez un budget limité. Ils offrent un design propre et professionnel qui peut être suffisant pour de nombreuses boutiques.

Les thèmes payants, en revanche, offrent généralement plus de fonctionnalités et d'options de personnalisation. Ils peuvent inclure des fonctionnalités supplémentaires comme des diaporamas, des sections de produits en vedette, des intégrations de médias sociaux, et plus encore. Si vous avez un budget plus important et que vous voulez un design plus unique pour votre boutique, un thème payant peut être un bon investissement.

Lorsque vous choisissez un thème, pensez à l'apparence et à la sensation que vous voulez pour votre boutique. Considérez votre marque, vos produits, et votre public cible. Par exemple, si vous vendez des produits de luxe, vous voudrez peut-être un thème qui reflète cette image haut de gamme. Si vous vendez des produits amusants et colorés, un thème plus ludique et vibrant pourrait être plus approprié.

b. Personnalisation de votre thème

Une fois que vous avez choisi un thème, vous pouvez le personnaliser pour qu'il corresponde à votre marque et à vos produits. Pour ce faire, cliquez sur "Personnaliser" à côté du thème que vous avez choisi. Cela vous amènera à l'éditeur de thème de Shopify, où vous pouvez modifier les couleurs, les polices, les images, les dispositions, et plus encore.

L'éditeur de thème de Shopify est conçu pour être facile à utiliser, même si vous n'avez pas d'expérience en design ou en codage. Il utilise un système de glisser-déposer qui vous permet de facilement ajouter, supprimer et réorganiser les sections de votre boutique. Vous pouvez également cliquer sur n'importe quelle section pour modifier ses paramètres, comme changer une image de fond ou modifier le texte.

Lorsque vous personnalisez votre thème, gardez à l'esprit l'expérience utilisateur. Assurez-vous que votre boutique est facile à naviguer, que vos produits sont mis en valeur, et que votre marque est clairement représentée. Utilisez des images de haute qualité, des descriptions de produits claires et détaillées, et une palette de couleurs qui correspond à votre marque.

c. Conclusion

Le choix et la personnalisation d'un thème pour votre boutique Shopify est une étape importante pour créer une boutique en ligne attrayante et efficace. En choisissant un thème qui correspond à votre marque et à vos produits, et en le personnalisant pour répondre aux besoins de vos clients, vous pouvez créer une boutique qui attire les clients, renforce la crédibilité de votre marque et augmente les conversions.

6. Étape 6 : Optimisation de votre boutique pour le SEO

L'optimisation pour les moteurs de recherche (SEO) est un élément crucial pour augmenter la visibilité de votre boutique Shopify. En optimisant votre boutique pour le SEO, vous augmentez les chances que votre boutique apparaisse dans les résultats de recherche des moteurs de recherche comme Google, ce qui peut conduire à une augmentation du trafic vers votre boutique et, finalement, à plus de ventes. Voici quelques étapes clés pour optimiser votre boutique Shopify pour le SEO.

a. Comprendre le SEO

Avant de commencer à optimiser votre boutique, il est important de comprendre ce qu'est le SEO et pourquoi il est important. Le SEO, ou optimisation pour les moteurs de recherche, est le processus d'amélioration de votre site Web pour augmenter sa visibilité dans les résultats de recherche organiques des moteurs de recherche. Plus votre site est visible dans les résultats de recherche, plus vous êtes susceptible d'attirer des visiteurs vers votre site. Le SEO est important car il peut aider à augmenter le trafic vers votre site, ce qui peut conduire à une augmentation des ventes.

b. Optimisation des titres de produits, des descriptions et des balises alt d'image

L'une des premières étapes de l'optimisation de votre boutique pour le SEO est de vous assurer que vos titres de produits, vos descriptions et vos balises alt d'image contiennent des mots clés pertinents que vos clients pourraient utiliser pour trouver vos produits. Ces éléments sont importants car ils aident les moteurs de recherche à comprendre de quoi parle votre site et à déterminer quand il doit apparaître dans les résultats de recherche.

Pour optimiser vos titres de produits, essayez d'inclure des mots clés pertinents qui décrivent votre produit et qui sont susceptibles d'être utilisés par vos clients lorsqu'ils recherchent des produits similaires. Par exemple, si vous vendez des chaussures de course, vous pourriez inclure des mots clés comme "chaussures de course", "chaussures de sport" ou "chaussures de course pour femmes" dans vos titres de produits.

De même, vos descriptions de produits doivent être détaillées et contenir des mots clés pertinents. Cependant, il est important de veiller à ce que vos descriptions de produits soient rédigées pour les humains et non pour les moteurs de recherche. Cela signifie qu'elles doivent être informatives, intéressantes et utiles pour vos clients, tout en contenant des mots clés pertinents.

Enfin, n'oubliez pas d'optimiser vos balises alt d'image. Les balises alt d'image sont des descriptions textuelles de vos images qui aident les moteurs de recherche à comprendre ce que représentent vos images. Elles sont également utiles pour les utilisateurs qui ne peuvent pas voir vos images pour une raison quelconque, comme ceux qui utilisent des lecteurs d'écran. Pour optimiser vos balises alt d'image, essayez d'inclure des mots clés pertinents qui décrivent l'image et le produit qu'elle représente.

c. Optimisation de la structure de votre site

La structure de votre site, ou la façon dont vos pages sont organisées et liées entre elles, est un autre élément important de l'optimisation pour les moteurs de recherche. Une bonne structure de site peut aider les moteurs de recherche à comprendre votre site et à déterminer quels sont les contenus les plus importants. Elle peut également aider vos visiteurs à naviguer sur votre site et à trouver ce qu'ils cherchent, ce qui peut conduire à une meilleure expérience utilisateur et à une augmentation des ventes.

Pour optimiser la structure de votre site, essayez de garder votre site aussi simple et organisé que possible. Cela signifie que vous devez avoir une hiérarchie claire de pages, avec des pages principales qui lient à des sous-pages pertinentes. Par exemple, vous pourriez avoir une page principale pour "Chaussures" qui lie à des sous-pages pour "Chaussures de course", "Chaussures de marche" et "Chaussures de randonnée".

Il est également important d'utiliser des liens internes pour lier vos pages entre elles. Les liens internes sont des liens qui vont d'une page de votre site à une autre page de votre site. Ils aident les moteurs de recherche à comprendre la relation entre vos pages et peuvent aider à améliorer le classement de votre site dans les résultats de recherche.

d. Optimisation de la vitesse de votre site

La vitesse de votre site est un autre facteur important pour le SEO. Les moteurs de recherche, comme Google, prennent en compte la vitesse de votre site lorsqu'ils déterminent où placer votre site dans les résultats de recherche. De plus, un site lent peut frustrer vos visiteurs et les amener à quitter votre site, ce qui peut conduire à une diminution des ventes.

Pour optimiser la vitesse de votre site, vous pouvez utiliser des outils comme Google PageSpeed Insights ou GTmetrix pour analyser la vitesse de votre site et obtenir des recommandations sur la façon de l'améliorer. Cela peut inclure des choses comme la compression de vos images, la réduction du nombre de plugins ou d'applications que vous utilisez, et l'optimisation de votre code.

e. Utilisation de l'analyse SEO

Enfin, il est important d'utiliser l'analyse SEO pour suivre les performances de votre site et identifier les domaines qui peuvent nécessiter une amélioration. Shopify propose une variété d'outils d'analyse SEO que vous pouvez utiliser pour suivre les performances de votre site, y compris Google Analytics, Google Search Console et leur propre outil d'analyse SEO intégré.

Ces outils peuvent vous aider à comprendre comment les visiteurs interagissent avec votre site, quels mots clés ils utilisent pour trouver votre site, et quels sont les pages de votre site qui sont les plus populaires. Vous pouvez utiliser ces informations pour améliorer votre site et votre stratégie SEO.

En conclusion, l'optimisation de votre boutique Shopify pour le SEO est un processus important qui peut aider à augmenter la visibilité de votre boutique, à attirer plus de visiteurs et à augmenter les ventes. En comprenant le SEO, en optimisant vos titres de produits, vos descriptions et vos balises alt d'image, en optimisant la structure de votre site, en améliorant la vitesse de votre site et en utilisant l'analyse SEO, vous pouvez créer une boutique Shopify qui est optimisée pour le SEO et prête à réussir.

7. Étape 7 : Configuration de Google Analytics et Facebook Pixel

La configuration de Google Analytics et Facebook Pixel est une étape cruciale pour suivre les performances de votre boutique et comprendre le comportement de vos clients. Ces outils vous permettent de recueillir des données précieuses sur les interactions des utilisateurs avec votre site, ce qui peut vous aider à optimiser votre boutique et à améliorer vos efforts de marketing.

a. Partie 1 : Configuration de Google Analytics

Google Analytics est un service gratuit qui vous permet de suivre le trafic de votre site web et de comprendre comment les visiteurs interagissent avec votre boutique. Il vous donne accès à une multitude de données, y compris le nombre de visiteurs sur votre site, le temps qu'ils passent sur votre site, les pages qu'ils visitent, et plus encore.

Pour configurer Google Analytics sur Shopify, vous devez d'abord créer un compte Google Analytics. Une fois que vous avez créé votre compte, vous recevrez un ID de suivi Google Analytics, que vous devrez ajouter à votre boutique Shopify. Voici les étapes à suivre pour configurer Google Analytics sur Shopify :

i. *Créez un compte Google Analytics si vous n'en avez pas déjà un. Vous pouvez le faire en visitant le site web de Google Analytics et en suivant les instructions pour créer un nouveau compte.*

ii. *Une fois que vous avez créé votre compte, vous recevrez un ID de suivi Google Analytics. Cet ID est unique à votre compte et est nécessaire pour connecter votre boutique Shopify à Google Analytics.*

iii. *Connectez-vous à votre compte Shopify et allez dans le tableau de bord de votre boutique.*

iv. *Cliquez sur "Paramètres" dans le menu de gauche, puis sur "Préférences".*

v. *Faites défiler vers le bas jusqu'à la section "Google Analytics" et collez votre ID de suivi Google Analytics dans le champ prévu à cet effet.*

vi. *Cliquez sur "Enregistrer" pour sauvegarder vos modifications.*

Une fois que vous avez ajouté votre ID de suivi Google Analytics à votre boutique Shopify, Google Analytics commencera à suivre le trafic de votre site. Vous pouvez consulter vos données Google Analytics en vous connectant à votre compte Google Analytics et en naviguant jusqu'à votre tableau de bord Google Analytics.

b. Partie 2 : Configuration de Facebook Pixel

Facebook Pixel est un outil de suivi qui vous permet de mesurer l'efficacité de vos publicités Facebook en suivant les actions que les utilisateurs effectuent sur votre site. Avec Facebook Pixel, vous pouvez suivre les conversions, créer des audiences personnalisées pour vos publicités, et obtenir des informations précieuses sur la façon dont les utilisateurs interagissent avec votre site après avoir vu vos publicités Facebook.

Pour configurer Facebook Pixel sur Shopify, vous devez d'abord créer un pixel Facebook. Une fois que vous avez créé votre pixel, vous recevrez un ID de pixel que vous devrez ajouter à votre boutique Shopify. Voici les étapes à suivre pour configurer Facebook Pixel sur Shopify :

i. *Créez un pixel Facebook si vous n'en avez pas déjà un. Vous pouvez le faire en visitant le Gestionnaire de publicités Facebook et en suivant les instructions pour créer un nouveau pixel.*

ii. *Une fois que vous avez créé votre pixel, vous recevrez un ID de pixel. Cet ID est unique à votre pixel et est nécessaire pour connecter votre boutique Shopify à Facebook Pixel.*

iii. *Connectez-vous à votre compte Shopify et alle*

Après avoir créé votre pixel Facebook, vous devez l'installer sur votre site web. Pour cela, vous devez suivre les étapes suivantes :

iv. *Connectez-vous à votre compte Shopify et allez dans le tableau de bord de votre boutique.*

v. *Cliquez sur "Paramètres" dans le menu de gauche, puis sur "Préférences".*

vi. *Faites défiler vers le bas jusqu'à la section "Facebook Pixel" et collez votre ID de pixel dans le champ prévu à cet effet.*

vii. *Cliquez sur "Enregistrer" pour sauvegarder vos modifications.*

Une fois que vous avez ajouté votre ID de pixel à votre boutique Shopify, Facebook Pixel commencera à suivre les actions des utilisateurs sur votre site. Vous pouvez consulter vos données Facebook Pixel en vous connectant à votre compte Facebook et en naviguant jusqu'à votre tableau de bord Facebook Pixel.

Il est important de noter que Facebook Pixel et Google Analytics fonctionnent de manière complémentaire. Tandis que Google Analytics fournit des informations détaillées sur le comportement des utilisateurs sur votre site, Facebook Pixel vous permet de comprendre comment les utilisateurs interagissent avec vos publicités Facebook. En utilisant ces deux outils en tandem, vous pouvez obtenir une vue complète de l'efficacité de votre boutique et de vos efforts de marketing.

c. Partie 3 : Utilisation de Google Analytics et Facebook Pixel pour améliorer votre boutique

Une fois que vous avez configuré Google Analytics et Facebook Pixel, vous pouvez commencer à utiliser les données qu'ils fournissent pour améliorer votre boutique. Voici quelques façons dont vous pouvez utiliser ces outils :

i. *Comprendre vos clients :*

Google Analytics et Facebook Pixel vous fournissent des informations précieuses sur vos clients, y compris leur emplacement, leur âge, leur sexe, les appareils qu'ils utilisent pour accéder à votre site, et plus encore. Vous pouvez utiliser ces informations pour comprendre qui sont vos clients et ce qu'ils recherchent.

ii. *Suivre les performances de votre boutique :*

Ces outils vous permettent de suivre une variété de métriques, y compris le nombre de visiteurs sur votre site, le temps qu'ils passent sur votre site, les pages qu'ils visitent, le nombre de conversions que vous obtenez, et plus encore. Vous pouvez utiliser ces informations pour comprendre comment votre boutique fonctionne et où vous pouvez apporter des améliorations.

iii. *Optimiser vos efforts de marketing :*

Google Analytics et Facebook Pixel vous permettent de suivre l'efficacité de vos efforts de marketing. Vous pouvez voir quelles publicités génèrent le plus de trafic et de conversions, quels canaux de marketing sont les plus efficaces, et plus encore. Vous pouvez utiliser ces informations pour optimiser vos efforts de marketing et obtenir un meilleur retour sur investissement.

iv.   Améliorer l'expérience utilisateur :

En comprenant comment les utilisateurs interagissent avec votre site, vous pouvez apporter des améliorations pour rendre leur expérience plus agréable. Par exemple, si vous constatez que les utilisateurs quittent votre site avant de compléter un achat, vous pouvez chercher à comprendre pourquoi et apporter des modifications pour faciliter le processus d'achat.

En conclusion, la configuration de Google Analytics et Facebook Pixel sur votre boutique Shopify est une étape cruciale pour comprendre vos clients, suivre les performances de votre boutique, optimiser vos efforts de marketing et améliorer l'expérience utilisateur. En utilisant ces outils, vous pouvez obtenir des informations précieuses qui peuvent vous aider à faire croître votre boutique et à atteindre vos objectifs commerciaux.

d. Partie 4 : Ressources supplémentaires

Pour plus d'informations sur la configuration de Google Analytics et Facebook Pixel sur Shopify, vous pouvez consulter les guides suivants :

i.   Guide de Shopify sur la configuration de Google Analytics

https://help.shopify.com/en/manual/reports-and-analytics/google-analytics/google-analytics-setup

ii.   Guide de Shopify sur la configuration de Facebook Pixel

https://help.shopify.com/en/manual/promoting-marketing/analyze-marketing/meta-pixel

iii.   Guide de Google sur l'utilisation de Google Analytics

https://support.google.com/analytics/answer/12183125?hl=en

iv.   Guide de Facebook sur la configuration de Facebook Pixel

https://www.facebook.com/business/help/952192354843755?id=12053766828 32142

Ces guides fournissent des instructions détaillées sur la configuration de ces outils, ainsi que des informations sur la façon de les utiliser pour améliorer votre boutique.

e. Partie 5 : Conclusion

La configuration de Google Analytics et Facebook Pixel peut sembler intimidante au début, mais une fois que vous avez compris comment ces outils fonctionnent et comment les utiliser, ils peuvent être des alliés précieux pour vous aider à faire croître votre boutique Shopify. En utilisant ces outils pour comprendre vos clients, suivre les performances de votre boutique, optimiser vos efforts de marketing et améliorer l'expérience utilisateur, vous pouvez créer une boutique Shopify qui est non seulement attrayante pour vos clients, mais aussi efficace pour atteindre vos objectifs commerciaux.

8. Étape 8 : Lancement de votre boutique Shopify

a. Partie 1 : Préparation pour le lancement

Avant de lancer votre boutique, il est crucial de passer quelques commandes tests pour vérifier le bon fonctionnement du processus de paiement. Cela vous permet de vous assurer que les paramètres de votre boutique, y compris le processus de paiement, le traitement des commandes, l'inventaire, l'expédition et les taxes, fonctionnent correctement. Pour passer une commande test, vous pouvez utiliser le mode test de Shopify Payments ou utiliser un véritable fournisseur de paiement et annuler et rembourser immédiatement la commande.

b. Partie 2 : Simulation de transactions réussies et échouées

Il est important de simuler des transactions réussies et échouées pour voir les messages d'erreur qui pourraient être affichés à un client lors du paiement. Pour simuler une transaction réussie, vous pouvez ajouter un produit à votre panier et suivre le processus de paiement comme si vous étiez un client. Pour simuler une transaction échouée, vous pouvez utiliser des numéros de carte de crédit spécifiques pour générer des messages d'erreur.

c. Partie 3 : Suppression du mot de passe de votre boutique en ligne

Lorsque vous êtes prêt à lancer votre boutique, vous pouvez supprimer le mot de passe de votre boutique en ligne. Pendant votre essai gratuit, votre boutique en ligne est automatiquement protégée par un mot de passe. Vous pouvez supprimer le mot de passe de votre boutique en ligne à partir de la page des thèmes ou de la page des préférences sous la boutique en ligne dans votre administration Shopify.

d. Partie 4 : Votre liste de contrôle pour le lancement de votre boutique Shopify

Avant de lancer votre boutique, il est utile de disposer d'une liste de contrôle pour vous assurer que vous avez bien préparé votre boutique pour le lancement. Cette liste de contrôle peut inclure des éléments tels que l'ajout de vos canaux de vente choisis, l'ajout d'un domaine personnalisé, la révision de votre expérience de paiement et de vos options, la préparation de vos pages standard, la révision de vos paramètres de notification par e-mail, la réalisation d'un audit de contenu, l'installation d'un outil d'analyse, et l'optimisation pour les moteurs de recherche (SEO).

e. Partie 5 : Optimisation de toutes les images de votre site web

Il est important d'optimiser toutes les images de votre site web pour garantir des temps de chargement rapides. Les images à chargement lent peuvent nuire à l'expérience utilisateur de votre site et à ses performances dans les moteurs de recherche. Shopify propose des outils pour vous aider à optimiser vos images pour le web.

f. Partie 6 : Conclusion

Le lancement de votre boutique Shopify est une étape excitante et importante. En prenant le temps de préparer correctement votre boutique pour le lancement, vous pouvez vous assurer que votre boutique est prête à accueillir les clients et à vendre des produits.

9. Conclusion : Lancement réussi de votre boutique Shopify

Créer une boutique Shopify peut sembler une tâche ardue, mais avec les bonnes instructions et un peu de patience, vous pouvez créer une boutique en ligne réussie. En suivant ces étapes, vous serez bien placé pour lancer votre propre boutique Shopify et commencer à vendre des produits en ligne. Cependant, pour assurer le succès de votre boutique, il est important de prendre en compte certains éléments supplémentaires.

a. Ajoutez vos canaux de vente choisis

Selon les données de Statista, le nombre d'acheteurs numériques aux États-Unis devrait atteindre 291,2 millions d'ici 2025. Les consommateurs attendent désormais une expérience omnicanal de la part des marques. Vous pouvez ajouter les canaux de vente disponibles à votre boutique. Par exemple, eBay, Amazon, Instagram et Facebook, Google Shopping, TikTok, bouton d'achat et liens de paiement, Pinterest.

b. Ajoutez un domaine personnalisé

L'ajout d'un domaine personnalisé à votre site vous donne une reconnaissance de marque et facilite la mémorisation de votre URL. Vous pouvez effectuer une recherche de nom de domaine pour voir si le nom de votre entreprise est disponible.

c. Revoyez votre expérience de paiement et vos options

Avant de diriger du trafic vers votre boutique, assurez-vous que les gens peuvent réellement effectuer un achat. Selon l'Institut Baymard, le taux d'abandon moyen documenté du panier d'achat en ligne est de près de 70 %. Il est judicieux de corriger toute erreur et de supprimer tout frottement lors du paiement.

d. Préparez vos pages standard

Il est important d'avoir quelques pages que les visiteurs peuvent parcourir pour en savoir plus sur votre entreprise. Selon les recherches de Shopify, les acheteurs qui se rendent dans une toute nouvelle boutique cherchent à savoir si la boutique est une entreprise respectable et si elle traite ses clients de manière équitable.

e. Révisez vos paramètres de notification par e-mail

Assurez-vous que vos clients reçoivent des confirmations de commande et des mises à jour de statut par e-mail. Vous pouvez personnaliser ces e-mails pour qu'ils correspondent à votre marque.

f. Effectuez un audit de contenu

Passez en revue toutes les pages de votre site pour vous assurer qu'il n'y a pas de fautes d'orthographe ou de grammaire, que tous les liens fonctionnent et que toutes les images sont correctement affichées.

g. Installez un outil d'analyse

Google Analytics est un excellent outil pour suivre les performances de votre boutique. Vous pouvez voir combien de personnes visitent votre site, combien de temps elles passent sur votre site, quelles pages elles visitent, et plus encore.

h. Concentrez-vous sur l'optimisation pour les moteurs de recherche (SEO)

Le SEO est crucial pour augmenter la visibilité de votre boutique en ligne. Assurez-vous que votre site est optimisé pour les moteurs de recherche en utilisant des mots clés pertinents, en créant du contenu de qualité et en obtenant des liens retour de qualité.

i. Optimisez toutes les images

Les images sont essentielles pour l'expérience utilisateur, en particulier dans le commerce électronique. Il est difficile de vendre un produit à moins qu'un client puisse le voir. Cependant, rendre les images plus petites n'améliore pas toujours les performances. En fait, la façon dont vous mettez en œuvre le chargement des images peut avoir un impact significatif sur la vitesse de chargement de la page et le décalage de mise en page. Voici quelques conseils pour optimiser les images pour votre boutique Shopify :

i. *Ne jamais charger paresseusement votre image LCP (Largest Contentful Paint) :*

LCP est une métrique centrée sur l'utilisateur qui reflète la vitesse de chargement de la page ou la perception de la vitesse de chargement. Il s'agit du temps nécessaire pour que l'élément le plus grand dans la fenêtre d'affichage se rende. Si vous chargez paresseusement votre image LCP, vous devez attendre que la page soit rendue et que le navigateur exécute l'IntersectionObserver avant de réaliser que l'image est visible et de finalement demander le fichier image. Cela peut entraîner un retard significatif.

ii. *Utilisez le chargement natif paresseux au lieu des bibliothèques tierces :*

À l'heure actuelle, le chargement natif paresseux en utilisant l'attribut de chargement de l'élément <img> est pris en charge dans les navigateurs pour 92% des utilisateurs mondiaux. Ainsi, nous recommandons d'utiliser le chargement natif paresseux afin que 92% des utilisateurs puissent bénéficier de l'expérience la plus optimale.

Les frameworks JavaScript frontend comme Vue et React sont devenus populaires ces dernières années et nous avons vu cela se jouer dans les thèmes. Cependant, ces frameworks peuvent avoir un impact négatif significatif sur les performances. Ils envoient généralement une quantité minimale de HTML au navigateur, qui appellera beaucoup de JavaScript, puis ce JavaScript rendra la page à l'intérieur du navigateur. Ce schéma de rendu côté client retarde considérablement le premier rendu.

En résumé, la création d'une boutique Shopify réussie nécessite une planification et une mise en œuvre minutieuses. En suivant ces conseils, vous pouvez optimiser votre boutique pour offrir une expérience utilisateur exceptionnelle, améliorer votre classement dans les moteurs de recherche et, finalement, augmenter vos ventes. Bonne chance avec votre aventure Shopify !

Chapitre 4 : Comment choisir une niche pour votre boutique Shopify

Le choix d'une niche pour votre boutique Shopify est une étape cruciale pour le succès de votre entreprise de dropshipping. Une niche bien choisie peut vous aider à cibler votre marketing, à attirer le bon public et à développer votre marque. En effet, une niche est comme un phare qui guide votre entreprise à travers le vaste océan du commerce électronique. Elle vous permet de concentrer vos efforts de marketing et de vente sur un segment spécifique du marché, ce qui peut augmenter l'efficacité de vos campagnes et améliorer votre retour sur investissement.

Dans ce chapitre, nous allons explorer comment choisir une niche pour votre boutique Shopify. Nous allons décomposer le processus en plusieurs étapes, en commençant par une compréhension de base de ce qu'est une niche et pourquoi elle est importante. Ensuite, nous examinerons comment identifier une niche rentable, les facteurs à prendre en compte lors du choix d'une niche, et les outils qui peuvent vous aider dans votre recherche. Enfin, nous discuterons de l'importance de valider votre idée de niche avant de vous lancer pleinement.

Ce chapitre est conçu pour être un guide pratique, rempli de conseils et de stratégies que vous pouvez appliquer immédiatement à votre propre entreprise. Que vous soyez un entrepreneur débutant ou un vétéran du commerce électronique, nous espérons que vous trouverez des informations précieuses qui vous aideront à prendre une décision éclairée sur le choix de votre niche.

1. Comprendre ce qu'est une niche

Une niche est un segment spécifique du marché que vous choisissez de cibler avec vos produits. C'est comme une petite enclave dans le vaste monde du commerce électronique où vous pouvez vous concentrer et exceller. Il peut s'agir d'un groupe de personnes, d'un type de produit ou d'un intérêt spécifique. Par exemple, si vous vendez des vêtements, une niche pourrait être des vêtements de yoga durables pour les femmes. Cette spécificité vous permet de vous concentrer sur la création de produits qui répondent aux besoins et aux désirs précis de ce groupe.

En comprenant ce qu'est une niche, vous pouvez mieux comprendre comment elle peut aider votre entreprise à se développer et à prospérer. Une niche bien définie peut vous donner une direction claire pour votre stratégie de marketing et de produit, vous permettant de cibler vos efforts là où ils sont le plus susceptibles de porter leurs fruits. De plus, en vous concentrant sur une niche, vous pouvez souvent éviter la concurrence directe avec les grandes entreprises de commerce électronique, qui peuvent être difficiles à battre sur les marchés plus larges.

Vous pouvez également utiliser cette compréhension pour identifier les opportunités uniques que votre niche peut offrir. Chaque niche a ses propres tendances, ses propres défis et ses propres opportunités. En vous immergeant dans votre niche et en apprenant tout ce que vous pouvez sur elle, vous pouvez découvrir des opportunités que d'autres pourraient manquer. Que ce soit une nouvelle tendance de produit, une demande non satisfaite ou une nouvelle façon de commercialiser vos produits, ces opportunités peuvent vous aider à prendre de l'avance sur la concurrence et à faire croître votre entreprise.

2. Pourquoi choisir une niche est important pour votre boutique Shopify

Choisir une niche est important car cela vous permet de vous concentrer sur un segment spécifique du marché et de vous démarquer de la concurrence. Dans le monde du commerce électronique, la concurrence est féroce et se démarquer peut être un défi. En choisissant une niche spécifique, vous pouvez éviter de vous battre directement avec les grandes entreprises pour l'attention des clients et plutôt vous concentrer sur la satisfaction des besoins uniques d'un groupe spécifique de clients.

Cela peut également vous aider à cibler votre marketing de manière plus efficace. Au lieu de tenter de plaire à tout le monde, vous pouvez créer des messages marketing qui parlent directement à votre public cible. Cela peut augmenter l'efficacité de vos efforts de marketing et améliorer votre retour sur investissement.

En choisissant une niche, vous pouvez également vous concentrer sur la création de produits qui répondent aux besoins spécifiques de ce groupe. Cela peut vous aider à créer une marque forte et cohérente. Par exemple, si vous choisissez la niche des vêtements de yoga durables pour femmes, vous pouvez vous concentrer sur la création de produits qui sont non seulement fonctionnels et confortables pour le yoga, mais aussi durables et respectueux de l'environnement. Cela peut vous aider à créer une marque forte qui est cohérente et attrayante pour votre public cible.

De plus, en répondant aux besoins spécifiques de votre niche, vous pouvez créer une relation plus forte avec vos clients et augmenter leur fidélité. Les clients qui sentent que leurs besoins spécifiques sont compris et satisfaits sont plus susceptibles de revenir pour faire des achats répétés et de recommander votre boutique à d'autres. Cela peut conduire à une croissance durable et à long terme pour votre entreprise.

3. Comment identifier une niche rentable

Identifier une niche rentable est un processus qui nécessite une recherche approfondie, une analyse minutieuse et une compréhension claire de votre marché cible. C'est une étape cruciale qui peut déterminer le succès ou l'échec de votre entreprise de dropshipping.

Comprendre les tendances du marché est une première étape essentielle. Cela implique d'examiner les produits ou les catégories de produits qui sont actuellement populaires. Cependant, il est important de distinguer les tendances durables des modes passagères. Une tendance durable est plus susceptible de vous fournir une base de clients stable et de générer des ventes à long terme.

Ensuite, vous devez comprendre les intérêts de votre public cible. Cela signifie savoir ce que vos clients potentiels recherchent, ce qu'ils apprécient et ce qu'ils sont prêts à acheter. Cela peut vous aider à choisir des produits qui répondent à leurs besoins et à leurs désirs, ce qui peut augmenter vos chances de réaliser des ventes.

L'identification des opportunités de produits est un autre facteur clé à considérer. Vous devez rechercher des produits qui ont un potentiel de vente élevé et qui ne sont pas déjà saturés sur le marché. Cela peut impliquer de rechercher des produits uniques, de trouver des moyens d'améliorer les produits existants ou de cibler des produits vers un segment spécifique du marché.

Pour vous aider dans ce processus, vous pouvez utiliser des outils comme Google Trends, Keyword Planner et des plateformes de médias sociaux. Ces outils peuvent vous donner une idée des produits ou des catégories de produits qui sont actuellement populaires et qui ont un potentiel de croissance. Ils peuvent également vous aider à identifier les mots clés que votre public cible utilise pour rechercher des produits, ce qui peut vous aider à optimiser votre marketing et votre référencement.

En outre, il est important de considérer la rentabilité de la niche. Cela peut impliquer d'examiner les marges de profit potentielles, la demande de produits et la concurrence sur le marché. Une niche rentable sera celle qui a une demande élevée de produits, des marges de profit saines et une concurrence modérée. Il est également important de prendre en compte les coûts associés à l'exploitation de votre boutique, tels que les frais de Shopify, les coûts d'expédition et les coûts de marketing

Enfin, il est essentiel de valider votre idée de niche avant de vous engager pleinement. Cela peut impliquer de tester votre produit sur le marché, de recueillir des commentaires de clients potentiels et d'analyser les performances de vos concurrents. Cette étape de validation peut vous aider à éviter de faire des investissements inutiles dans des produits ou des marchés qui ne sont pas rentables.

En somme, identifier une niche rentable est un processus qui nécessite une réflexion stratégique, une recherche approfondie et une analyse minutieuse. En prenant le temps d'effectuer ce travail préparatoire, vous pouvez augmenter vos chances de choisir une niche qui vous aidera à construire une entreprise de dropshipping prospère et durable.

4. Les facteurs à considérer lors du choix d'une niche

Lors du choix d'une niche pour votre boutique Shopify, il est essentiel de prendre en compte plusieurs facteurs clés qui peuvent influencer la réussite de votre entreprise. Ces facteurs peuvent varier en fonction de votre marché cible, de votre produit et de vos objectifs commerciaux, mais ils jouent tous un rôle important dans la détermination de la viabilité et de la rentabilité de votre niche.

Premièrement, la taille du marché est un facteur crucial. Une niche avec un marché trop petit peut ne pas offrir suffisamment de clients potentiels pour soutenir votre entreprise, tandis qu'un marché trop grand peut être trop compétitif pour une nouvelle entreprise. Il est important de trouver un équilibre et de choisir une niche qui a une taille de marché suffisante pour offrir des opportunités de croissance, mais qui n'est pas si saturée qu'il est difficile de se démarquer.

Deuxièmement, la demande de produits dans votre niche est également un facteur clé. Une forte demande de produits peut indiquer un marché sain et actif, ce qui peut augmenter vos chances de réaliser des ventes. Vous pouvez évaluer la demande de produits en utilisant des outils comme Google Trends, Keyword Planner, ou en examinant les ventes de produits similaires sur Shopify ou d'autres plateformes de commerce électronique.

Troisièmement, la concurrence dans votre niche est un autre facteur à considérer. Une concurrence excessive peut rendre difficile l'obtention d'une part de marché, tandis qu'une concurrence insuffisante peut indiquer un manque d'intérêt ou de demande pour les produits de votre niche. Il est important de faire une analyse de la concurrence pour comprendre qui sont vos concurrents, quels produits ils offrent et comment vous pouvez vous différencier.

Quatrièmement, votre passion pour le sujet de votre niche peut jouer un rôle important dans votre succès. Gérer une boutique Shopify peut être un travail difficile et exigeant, et avoir une passion pour ce que vous faites peut vous aider à rester motivé et engagé. De plus, votre passion peut se traduire par une meilleure connaissance des produits, une meilleure compréhension des besoins des clients et une plus grande volonté de fournir un excellent service à la clientèle.

Enfin, votre capacité à fournir une valeur unique à vos clients est un facteur essentiel à considérer. Cela peut impliquer de proposer des produits uniques, de fournir un excellent service à la clientèle, d'offrir des prix compétitifs ou de créer une expérience de marque forte. En offrant une valeur unique, vous pouvez vous démarquer de la concurrence et attirer et retenir plus de clients.

En somme, choisir une niche pour votre boutique Shopify est une décision complexe qui nécessite une réflexion et une analyse approfondies. En prenant en compte ces facteurs, vous pouvez augmenter vos chances de choisir une niche qui est non seulement rentable, mais aussi alignée sur vos passions et vos capacités.

5. Les outils pour vous aider à trouver une niche

Dans le processus de recherche et de sélection d'une niche pour votre boutique Shopify, il existe plusieurs outils et ressources qui peuvent vous aider à prendre une décision éclairée. Ces outils peuvent vous aider à identifier les tendances actuelles, à comprendre la demande de produits, à analyser la concurrence et à découvrir de nouvelles niches potentielles.

Google Trends est un outil précieux qui peut vous aider à comprendre les tendances actuelles et à prévoir les tendances futures. Il vous permet de voir comment l'intérêt pour un certain terme de recherche a évolué au fil du temps, ce qui peut vous donner une idée de la popularité et de la demande d'un produit ou d'une niche spécifique.

Keyword Planner est un autre outil utile qui peut vous aider à comprendre la demande de produits. Il vous permet de rechercher des mots clés liés à votre niche et de voir combien de fois ils sont recherchés, ce qui peut vous donner une idée de la popularité et de la demande de ces produits.

Les plateformes de médias sociaux, comme Facebook, Instagram et Twitter, peuvent également être des outils précieux pour la recherche de niches. Vous pouvez utiliser ces plateformes pour voir quels produits sont populaires, quels sont les intérêts de votre public cible et comment les produits sont commercialisés et vendus.

En plus de ces outils, Shopify offre également des ressources spécifiques pour aider les propriétaires de boutiques à trouver une niche. Shopify Compass est une plateforme d'apprentissage qui offre des cours, des tutoriels et des webinaires sur divers aspects de la gestion d'une boutique Shopify, y compris la recherche de niches. Exchange Marketplace est une plateforme où vous pouvez acheter et vendre des boutiques Shopify, ce qui peut vous donner une idée des niches qui sont actuellement rentables.

Ces outils peuvent vous aider à identifier les tendances actuelles, à comprendre la demande de produits et à analyser la concurrence. Ils peuvent également vous aider à découvrir de nouvelles niches potentielles que vous n'auriez peut-être pas considérées autrement. En utilisant ces outils et ressources, vous pouvez prendre une décision plus éclairée et choisir une niche qui a le potentiel d'être rentable et réussie.

6. Comment valider votre idée de niche

Une fois que vous avez identifié une niche potentielle pour votre boutique Shopify, il est crucial de valider votre idée avant de vous engager pleinement. La validation de votre idée de niche vous permet de confirmer que votre choix de niche a un potentiel réel de rentabilité et de succès. Cela peut vous aider à éviter de faire des investissements inutiles dans des produits ou des marchés qui ne sont pas rentables, et à vous assurer que vous êtes sur la bonne voie.

Le test de votre produit sur le marché est une première étape importante dans la validation de votre idée de niche. Cela peut impliquer de lancer une version minimale viable (MVP) de votre produit ou de votre boutique pour voir comment il est reçu par les clients. Vous pouvez utiliser les commentaires et les données de vente de cette phase de test pour évaluer l'intérêt du marché pour votre produit et pour ajuster votre produit ou votre stratégie en conséquence.

La collecte de commentaires de clients potentiels est une autre étape clé de la validation. Cela peut impliquer de mener des enquêtes, des interviews ou des groupes de discussion pour comprendre les besoins, les désirs et les préférences de votre public cible. Les commentaires des clients peuvent vous donner des informations précieuses sur ce qui fonctionne et ce qui ne fonctionne pas dans votre niche, et peuvent vous aider à affiner votre produit et votre stratégie de marketing.

L'analyse des performances de vos concurrents est également une partie importante de la validation de votre idée de niche. Cela peut impliquer d'examiner leurs produits, leurs stratégies de marketing, leurs prix, et leurs commentaires de clients. Cette analyse peut vous donner une idée de ce qui fonctionne bien dans votre niche, et où il y a des opportunités pour vous de vous démarquer.

Enfin, il est important de prendre en compte les aspects financiers de votre niche. Cela peut impliquer de faire une analyse des coûts pour comprendre les investissements nécessaires pour lancer et gérer votre boutique, et de faire une analyse des revenus pour estimer le potentiel de profit de votre niche. Ces analyses peuvent vous aider à comprendre si votre niche est financièrement viable et si elle peut soutenir votre entreprise à long terme.

En somme, la validation de votre idée de niche est une étape essentielle qui peut vous aider à éviter les erreurs coûteuses et à augmenter vos chances de succès. En prenant le temps de tester votre produit, de recueillir des commentaires, d'analyser vos concurrents, et de comprendre les aspects financiers de votre niche, vous pouvez vous assurer que vous faites un choix éclairé et rentable pour votre boutique Shopify.

7. Conclusion

Choisir une niche pour votre boutique Shopify est une étape importante pour le succès de votre entreprise. En prenant le temps de rechercher, d'analyser et de valider votre niche, vous pouvez augmenter vos chances de succès et vous démarquer de la concurrence. Le choix d'une niche est un processus continu qui nécessite une attention et une réflexion constantes. En restant flexible et en étant prêt à adapter votre niche à mesure que votre entreprise se développe et que le marché évolue, vous pouvez vous assurer que votre boutique Shopify reste pertinente et rentable.

Chapitre 5 : Comment trouver des fournisseurs de dropshipping

Le dropshipping est un modèle d'affaires populaire qui a révolutionné la façon dont le commerce électronique est conduit. Il offre une opportunité unique aux entrepreneurs de lancer une entreprise en ligne sans avoir à investir dans un inventaire initial, éliminant ainsi l'un des obstacles majeurs à l'entrée dans le monde du commerce de détail.

Dans le modèle de dropshipping, vous, en tant que détaillant, ne gardez pas les produits que vous vendez en stock. Au lieu de cela, lorsque vous vendez un produit, vous achetez l'article auprès d'un tiers - généralement un grossiste ou un fabricant - qui expédie ensuite le produit directement à votre client. Cela signifie que vous pouvez vous concentrer sur l'aspect marketing et vente de votre entreprise, sans avoir à vous soucier de la logistique de stockage ou d'expédition.

Cependant, bien que le dropshipping puisse sembler simple en surface, le succès d'une entreprise de dropshipping dépend en grande partie du choix des fournisseurs. Un bon fournisseur sera non seulement en mesure de vous fournir des produits de haute qualité à des prix compétitifs, mais il sera également fiable en termes de respect des délais de livraison et de traitement efficace des retours et des réclamations.

La sélection d'un fournisseur de dropshipping n'est pas une tâche à prendre à la légère. Il s'agit d'une décision qui peut avoir un impact significatif sur la viabilité et la rentabilité de votre entreprise. Ce chapitre a pour but de vous guider à travers le processus de recherche et de sélection des fournisseurs de dropshipping, en vous fournissant des conseils pratiques et des stratégies pour vous aider à faire le meilleur choix pour votre entreprise.

1. Comprendre le rôle des fournisseurs dans le dropshipping

Dans le modèle de dropshipping, les fournisseurs ne sont pas seulement des vendeurs, mais des partenaires clés de votre entreprise. Leur rôle va bien au-delà de la simple fourniture de produits. Ils sont en effet responsables de la fabrication et de l'expédition des produits directement aux clients en votre nom, ce qui fait d'eux un maillon essentiel de votre chaîne d'approvisionnement.

Les fournisseurs de dropshipping sont en quelque sorte les coulisses de votre entreprise. Alors que vous vous concentrez sur la construction de votre marque et l'acquisition de clients, ils s'occupent de la production, de l'emballage, de l'expédition et parfois même du service après-vente. Cela signifie que la qualité des produits que vos clients reçoivent, la rapidité avec laquelle ils les reçoivent et la manière dont les problèmes sont résolus sont tous largement déterminés par vos fournisseurs.

C'est pourquoi il est essentiel de choisir des fournisseurs qui sont non seulement capables de fournir des produits de haute qualité, mais qui sont également fiables et efficaces. Un bon fournisseur de dropshipping sera en mesure de respecter les délais de livraison, de gérer efficacement les retours et les échanges, et d'offrir un excellent service client. Ils seront également capables de s'adapter à l'évolution de vos besoins à mesure que votre entreprise grandit.

En fin de compte, vos fournisseurs sont une extension de votre entreprise. Leur performance a un impact direct sur la satisfaction de vos clients et, par conséquent, sur le succès de votre entreprise. Comprendre leur rôle crucial et choisir soigneusement vos partenaires peut faire toute la différence entre le succès et l'échec dans le monde du dropshipping.

2. Les différentes plateformes pour trouver des fournisseurs

Dans l'univers du dropshipping, il existe une multitude de plateformes en ligne qui facilitent la recherche et la sélection de fournisseurs. Ces plateformes varient en termes de taille, de portée, de types de produits offerts, et de services supplémentaires qu'elles peuvent offrir. Voici un aperçu plus détaillé de certaines de ces plateformes :

a. **Alibaba :**

Alibaba est l'une des plus grandes plateformes B2B au monde, connectant les acheteurs aux fabricants et fournisseurs à travers le globe. Avec une vaste gamme de produits et de fournisseurs, Alibaba offre une grande flexibilité pour les entreprises de dropshipping. Cependant, il est important de noter que la plupart des fournisseurs sur Alibaba sont basés en Asie, ce qui peut entraîner des délais de livraison plus longs.

b. **AliExpress :**

Filiale d'Alibaba, AliExpress fonctionne plus comme une plateforme B2C, permettant aux entreprises de dropshipping d'acheter des produits à l'unité. C'est une option populaire pour ceux qui débutent dans le dropshipping en raison de sa facilité d'utilisation et de ses faibles exigences minimales de commande.

c. **SaleHoo :**

SaleHoo est un annuaire de grossistes et de fournisseurs de dropshipping qui offre un accès à plus de 8 000 fournisseurs internationaux. SaleHoo se distingue par son service client solide et ses ressources éducatives pour aider les nouveaux entrepreneurs à réussir.

d. **Doba :**

Doba est une plateforme de dropshipping qui offre un accès à des millions de produits de centaines de fournisseurs. Avec Doba, vous pouvez rechercher des produits, gérer vos fournisseurs et votre inventaire, et passer des commandes directement depuis la plateforme.

En plus de ces plateformes, il existe d'autres options qui peuvent être plus adaptées à des besoins spécifiques :

e. **Automizely :**

Automizely est une plateforme de dropshipping qui se concentre sur la simplification de la recherche de produits à vendre en ligne. Avec Automizely, vous pouvez accéder à une grande variété de produits sur AliExpress en quelques clics, ce qui facilite l'ajout de nouveaux produits à votre boutique.

f. **Printful :**

Printful est un service de dropshipping à la demande qui se spécialise dans les produits personnalisés. Avec Printful, vos clients peuvent choisir parmi une gamme d'œuvres d'art à imprimer sur des produits tels que des sweat-shirts, des t-shirts, des étuis pour ordinateurs portables et plus encore. C'est une excellente option pour les entreprises qui souhaitent offrir des produits personnalisés.

g. **DropnShop :**

DropnShop est une application de dropshipping conçue spécifiquement pour les boutiques en ligne qui vendent des produits français. Il propose des produits de fabricants français de premier plan et offre des milliers de références dans diverses catégories. C'est une excellente option pour ceux qui souhaitent se concentrer sur le marché français.

h. **Glowroad :**

Glowroad est une application de dropshipping Shopify qui se concentre sur le marché indien. Avec Glowroad, vous pouvez expédier des articles au Royaume-Uni, aux États-Unis, en Australie, au Canada et dans plus de 30 pays. C'est une option intéressante pour ceux qui souhaitent cibler le marché indien.

En plus de ces plateformes, il existe également d'autres options qui méritent d'être explorées :

i. **Spocket :**

Spocket est une plateforme de dropshipping qui se concentre sur les fournisseurs basés aux États-Unis et en Europe. Cela peut aider à réduire les délais de livraison et à offrir des produits de meilleure qualité. Spocket offre également une intégration facile avec les plateformes de commerce électronique comme Shopify et WooCommerce.

j. **Oberlo :**

Oberlo est une autre plateforme populaire qui s'intègre directement avec Shopify. Elle permet aux entrepreneurs de trouver des produits à vendre en ligne à partir de divers fournisseurs du monde entier. Oberlo offre également des outils pour aider à la tarification des produits, à la gestion des stocks et à l'expédition.

k. **Modalyst :**

Modalyst est une plateforme de dropshipping qui offre une gamme de produits de haute qualité de fournisseurs indépendants et de marques de designer. Modalyst se distingue par sa sélection de produits uniques qui peuvent aider votre boutique en ligne à se démarquer.

l. **Dropified :**

Dropified est une plateforme de dropshipping qui offre des outils pour automatiser de nombreux aspects de votre entreprise de dropshipping. Avec Dropified, vous pouvez automatiser l'ajout de nouveaux produits, la gestion des commandes, le suivi des expéditions et plus encore.

Il est important de noter que chaque plateforme a ses propres avantages et inconvénients, et ce qui fonctionne le mieux pour vous dépendra de vos besoins spécifiques en tant qu'entreprise de dropshipping. Il est donc crucial d'effectuer des recherches approfondies et de tester différentes plateformes avant de prendre une décision.

3. Comment contacter les fournisseurs

Une fois que vous avez identifié des fournisseurs potentiels pour votre entreprise de dropshipping, l'étape suivante consiste à entrer en contact avec eux. Cette étape est cruciale car elle vous permet de poser des questions pertinentes pour évaluer si un fournisseur est le bon choix pour votre entreprise. Par exemple, vous pouvez demander des informations sur leurs délais de livraison, leurs politiques de retour, leurs capacités de production et leurs normes de qualité.

Lorsque vous contactez un fournisseur, il est important de vous présenter de manière professionnelle. Expliquez clairement qui vous êtes, ce que fait votre entreprise et quels sont vos besoins en matière de produits. Assurez-vous également de poser des questions spécifiques pour obtenir toutes les informations dont vous avez besoin. Par exemple, vous pouvez demander :

- Quels sont vos délais de livraison moyens ?
- Quelle est votre politique en matière de retours et de remboursements ?
- Quelle est votre capacité de production ?
- Comment assurez-vous la qualité de vos produits ?
- Quels sont vos prix et avez-vous des remises pour les commandes en gros ?

Il est également recommandé de demander des échantillons de produits pour évaluer la qualité. Cela peut vous aider à déterminer si les produits répondent à vos normes et aux attentes de vos clients.

Enfin, n'oubliez pas de discuter des conditions de paiement et de comprendre comment et quand le fournisseur attend d'être payé. Cela peut varier d'un fournisseur à l'autre, il est donc important de clarifier cela dès le début pour éviter tout malentendu ou problème potentiel à l'avenir.

4. Comment négocier avec les fournisseurs

La négociation avec les fournisseurs est une compétence essentielle pour tout entrepreneur en dropshipping. Elle peut vous aider à obtenir de meilleures conditions, des prix plus bas, des délais de livraison plus courts et une meilleure qualité de produit. Voici quelques conseils pour négocier efficacement avec vos fournisseurs :

a. Préparez-vous :

Avant de commencer les négociations, faites vos recherches. Comprenez le marché, les prix moyens, les délais de livraison et les normes de qualité pour les produits que vous souhaitez vendre. Cela vous donnera une position de négociation plus forte.

b. Soyez clair sur vos attentes :

Lorsque vous négociez avec un fournisseur, soyez clair sur ce que vous attendez de lui. Que ce soit en termes de prix, de qualité, de délais de livraison ou de service après-vente, assurez-vous que le fournisseur comprend vos attentes.

c. Négociez sur plusieurs fronts :

Ne vous concentrez pas uniquement sur le prix. Bien que le coût des produits soit important, d'autres facteurs peuvent également être négociés, comme les délais de livraison, les conditions de paiement, la qualité des produits, etc.

d. Construisez une relation :

La négociation n'est pas seulement une question de chiffres, c'est aussi une question de relations. Essayez de construire une relation positive avec vos fournisseurs. Cela peut conduire à de meilleures conditions à long terme.

e. Soyez prêt à faire des compromis :

La négociation est un processus de donner et de prendre. Vous ne pourrez peut-être pas obtenir tout ce que vous voulez, alors soyez prêt à faire des compromis. Cependant, assurez-vous que les compromis que vous faites n'affectent pas la qualité de vos produits ou le service que vous fournissez à vos clients.

f. Suivez le processus :

Une fois que vous avez conclu un accord, assurez-vous de le formaliser par écrit. Cela peut prendre la forme d'un contrat ou d'un accord d'achat. Assurez-vous que tous les détails de l'accord sont clairement indiqués et que les deux parties comprennent leurs obligations.

Enfin, n'oubliez pas que la négociation est un processus continu. Les conditions du marché, les coûts de production et d'autres facteurs peuvent changer, il est donc important de revoir régulièrement vos accords avec vos fournisseurs.

5. Les erreurs à éviter lors de la sélection des fournisseurs

La sélection des fournisseurs est une étape cruciale dans le processus de création d'une entreprise de dropshipping. Cependant, il y a plusieurs erreurs courantes que les entrepreneurs commettent souvent lors de cette étape. Voici quelques-unes de ces erreurs et comment les éviter :

a. Choisir les fournisseurs basés uniquement sur le prix :

Bien que le prix soit un facteur important, il ne devrait pas être le seul critère de sélection. Un fournisseur qui offre des prix bas peut ne pas être en mesure de fournir une qualité constante ou une livraison fiable. Il est donc important de considérer d'autres facteurs tels que la qualité des produits, la fiabilité de la livraison et le service à la clientèle.

b. Ne pas vérifier la qualité des produits :

La qualité des produits que vous vendez aura un impact direct sur la satisfaction de vos clients et sur la réputation de votre entreprise. Il est donc essentiel de vérifier la qualité des produits d'un fournisseur avant de décider de travailler avec lui. Cela peut impliquer de demander des échantillons de produits, de vérifier les certifications de qualité ou de lire les avis des autres clients.

c. Ne pas établir de bonnes relations avec les fournisseurs :

Une bonne relation avec vos fournisseurs peut vous aider à obtenir de meilleures conditions, à résoudre rapidement les problèmes et à obtenir un service plus personnalisé. Il est donc important de communiquer régulièrement avec vos fournisseurs, de les traiter avec respect et de chercher à construire une relation de confiance mutuelle.

d. Ignorer les évaluations et les avis des fournisseurs :

Les évaluations et les avis des fournisseurs peuvent vous donner une idée de leur fiabilité, de la qualité de leurs produits et de leur service à la clientèle. Il est donc important de prendre le temps de lire ces évaluations et avis avant de choisir un fournisseur.

e. Ne pas avoir de plan B :

Même avec le meilleur fournisseur, il peut y avoir des problèmes imprévus, comme des retards de livraison ou des problèmes de qualité. Il est donc important d'avoir un plan B en place, comme un second fournisseur, pour éviter que ces problèmes n'affectent votre entreprise.

En évitant ces erreurs, vous pouvez augmenter vos chances de choisir les bons fournisseurs pour votre entreprise de dropshipping et ainsi assurer la satisfaction de vos clients et le succès de votre entreprise.

6. Conseils supplémentaires pour trouver des fournisseurs de dropshipping

Selon une vidéo YouTube de Austin Raven, voici quelques conseils supplémentaires pour trouver des fournisseurs de dropshipping :

a. **Travailler avec un transitaire :**

Un transitaire est une entreprise qui s'occupe de l'expédition des produits de l'usine à votre client. Ils peuvent communiquer directement avec les fabricants, négocier les prix, et s'occuper de l'emballage personnalisé. Ils ont généralement une meilleure communication et se soucient plus de vous que les fabricants.

b. **Ne vous fiez pas uniquement à un site web pour trouver un fournisseur :**

Que ce soit AliExpress, Spocket, ZenDrop, ou tout autre site, ils ont tous de bons fournisseurs, mais vous devez prendre le temps de les trouver. C'est un jeu de nombres, donc n'hésitez pas à contacter de nombreux fournisseurs.

c. **Vérifiez les routes d'expédition :**

Certains fournisseurs peuvent avoir des routes d'expédition plus rapides disponibles, mais ils ne les listent pas sur leur page de produit. Vous devrez les contacter directement pour obtenir ces informations.

d. **Demandez des échantillons de produits :**

Avant de décider de travailler avec un fournisseur, demandez des échantillons de produits. Cela vous permet de vérifier la qualité des produits et de vous assurer qu'ils répondent à vos attentes.

e. **Établissez de bonnes relations avec vos fournisseurs :**

Une bonne relation avec vos fournisseurs peut vous aider à obtenir de meilleurs prix et à résoudre rapidement les problèmes qui peuvent survenir. Il est donc important de communiquer régulièrement avec vos fournisseurs et de les traiter comme des partenaires plutôt que comme de simples fournisseurs.

f. **Demandez des remises pour les commandes en volume :**

Si vous prévoyez de fournir un volume de commandes constant à vos fournisseurs, demandez-leur s'ils peuvent vous offrir des remises. Cela peut vous aider à augmenter vos marges bénéficiaires.

g. **Vérifiez si le fournisseur offre des personnalisations de produits :**

Si vous voulez créer une marque, il peut être utile de travailler avec un fournisseur qui offre des personnalisations de produits, comme l'impression de votre logo sur les produits.

h. **Commandez des produits à votre propre adresse sans informer le fournisseur :**

Cela vous permet de vérifier la qualité de l'emballage et le délai de livraison sans que le fournisseur ne sache qu'il s'agit d'une commande test.

7. Conclusion

La recherche et la sélection de fournisseurs de dropshipping fiables et de qualité sont des étapes essentielles pour assurer le succès de toute entreprise de commerce électronique. C'est un processus qui demande du temps, de la patience et une attention particulière aux détails. Il ne s'agit pas seulement de trouver des fournisseurs qui peuvent vous offrir des produits à des prix compétitifs, mais aussi de trouver des partenaires qui comprennent vos objectifs commerciaux, qui sont engagés envers la qualité et l'excellence du service, et qui peuvent travailler avec vous pour aider votre entreprise à se développer et à prospérer.

En posant les bonnes questions, en évaluant soigneusement les réponses et en établissant des relations solides et mutuellement bénéfiques avec vos fournisseurs, vous pouvez créer une base solide pour votre entreprise de dropshipping. Cela peut non seulement vous aider à éviter les problèmes courants qui peuvent entraver la croissance de votre entreprise, mais aussi vous permettre de vous adapter rapidement aux changements du marché, d'élargir votre gamme de produits et d'améliorer votre service à la clientèle.

En fin de compte, le succès de votre entreprise de dropshipping dépend de la qualité des partenariats que vous établissez avec vos fournisseurs. En choisissant les bons partenaires, vous pouvez créer une entreprise de dropshipping qui non seulement répond aux besoins de vos clients, mais qui est également durable et capable de prospérer dans un environnement commercial en constante évolution.

Chapitre 6 : Comment ajouter des produits à votre boutique Shopify

L'ajout de produits à votre boutique Shopify est une étape cruciale dans la configuration de votre entreprise de commerce électronique. C'est à travers vos produits que vous pouvez montrer à vos clients ce que vous avez à offrir et les inciter à faire des achats. Ce guide vous guidera à travers le processus d'ajout de produits à votre boutique Shopify, étape par étape.

1. Ajouts de produits via Shopify

a. Étape 1 : Accéder à la page des produits

La première étape pour ajouter des produits à votre boutique Shopify est d'accéder à la page des produits. Connectez-vous à votre compte Shopify et accédez à votre tableau de bord. Sur le côté gauche de votre tableau de bord, vous verrez un menu de navigation. Cliquez sur "Produits" dans ce menu pour accéder à la page des produits. Ici, vous verrez une liste de tous les produits que vous avez déjà ajoutés à votre boutique.

b. Étape 2 : Ajouter un nouveau produit

Une fois que vous êtes sur la page des produits, vous pouvez commencer à ajouter un nouveau produit à votre boutique. Pour ce faire, cliquez sur le bouton "Ajouter un produit" situé en haut à droite de la page. Cela vous redirigera vers une nouvelle page où vous pourrez entrer les détails de votre produit.

c. Étape 3 : Entrer les détails du produit

Sur la page d'ajout de produit, vous devrez entrer plusieurs détails sur votre produit. Ces informations comprennent :

i. **Titre du produit** : *C'est le nom de votre produit. Il doit être descriptif et attrayant pour vos clients.*

ii. **Description** : *C'est ici que vous pouvez donner plus de détails sur votre produit. Vous pouvez inclure des informations sur les caractéristiques du produit, son utilisation, ses avantages, etc.*

iii. **Images** : *Vous pouvez télécharger des images de votre produit ici. Assurez-vous que vos images sont de haute qualité et montrent votre produit sous différents angles.*

iv. **Prix** : *C'est le prix auquel vous vendez votre produit. Vous pouvez également ajouter un prix de comparaison si votre produit est en solde.*

v. **Inventaire** : *Ici, vous pouvez gérer votre stock. Vous pouvez ajouter un SKU (Stock Keeping Unit), un code-barres et la quantité de produits disponibles.*

vi. **Expédition** : *Cette section vous permet de gérer les informations d'expédition de votre produit. Vous pouvez ajouter le poids du produit, la taille de l'emballage et déterminer si le produit nécessite une expédition physique.*

vii. **Variantes du produit** : *Si votre produit est disponible en différentes variantes (par exemple, différentes tailles ou couleurs), vous pouvez les ajouter ici.*

d. Étape 4 : Configurer la visibilité du produit

Une fois que vous avez entré tous les détails de votre produit, vous pouvez configurer sa visibilité. Vous pouvez choisir si vous voulez que votre produit soit visible sur votre boutique en ligne, et vous pouvez également choisir si vous voulez qu'il soit disponible sur vos différents canaux de vente, comme Facebook ou Amazon.

e. Étape 5 : Enregistrer le produit

Après avoir entré toutes les informations nécessaires et configuré la visibilité de votre produit, n'oubliez pas de cliquer sur "Enregistrer" pour ajouter le produit à votre boutique. Le bouton "Enregistrer" se trouve en haut à droite de la page d'ajout de produit.

f. Étape 6 : Répéter le processus

Maintenant que vous avez ajouté un produit à votre boutique Shopify, vous pouvez répéter ce processus pour tous les autres produits que vous souhaitez ajouter. Chaque produit nécessitera les mêmes informations de base, mais n'oubliez pas que chaque produit est unique et peut nécessiter des informations supplémentaires en fonction de sa nature.

2. Ajout de produits via l'application mobile Shopify

En plus de l'interface web, Shopify propose également une application mobile qui vous permet d'ajouter des produits à votre boutique directement depuis votre smartphone. L'application est disponible pour iOS et Android et offre une interface conviviale qui facilite l'ajout de produits. Vous pouvez ajouter des produits à votre boutique en suivant les mêmes étapes que sur l'interface web, mais à partir de votre téléphone.

3. Ajout de produits en masse

Si vous avez un grand nombre de produits à ajouter à votre boutique, il peut être plus efficace d'ajouter des produits en masse. Shopify permet l'importation de produits en masse à l'aide d'un fichier CSV. Vous pouvez créer un fichier CSV avec toutes les informations sur vos produits et l'importer dans Shopify, ce qui ajoutera tous vos produits en une seule fois. Cela peut être un gain de temps considérable si vous avez des centaines ou des milliers de produits à ajouter.

4. Gestion des produits numériques

Si vous vendez des produits numériques, comme des ebooks ou des cours en ligne, le processus d'ajout de produits est légèrement différent. Shopify propose une application gratuite appelée "Digital Downloads" qui vous permet d'ajouter des produits numériques à votre boutique. Une fois l'application installée, vous pouvez ajouter des produits numériques de la même manière que vous ajoutez des produits physiques, mais vous aurez également la possibilité d'ajouter des fichiers numériques que les clients peuvent télécharger après l'achat.

5. Utilisation de l'API de Shopify

Pour les utilisateurs plus avancés, Shopify propose une API qui vous permet d'ajouter des produits à votre boutique de manière programmatique. Cela peut être utile si vous avez une grande quantité de produits à ajouter ou si vous souhaitez automatiser le processus d'ajout de produits. L'utilisation de l'API de Shopify nécessite des compétences en programmation, donc si vous n'êtes pas à l'aise avec cela, vous pouvez envisager de faire appel à un développeur pour vous aider.

6. Ajout de produits via des plugins de plateformes dédiées au dropshipping

a. DSers

DSers est un outil de gestion des commandes qualifié et l'un des partenaires de dropshipping les plus connus et fiables d'AliExpress. Il offre une variété de fonctionnalités, y compris l'optimisation des fournisseurs, la gestion des commandes en vrac, la gestion des stocks, la gestion de plusieurs magasins, la mise à jour automatique du statut des commandes, la tarification automatique, le mappage des variantes, et bien plus encore.

b. DSM Tool

DSM Tool est une autre plateforme de dropshipping qui s'intègre à eBay et Shopify. Il automatise l'exécution des commandes en un court laps de temps, de 7 à 15 jours. Parmi ses principales fonctionnalités, citons l'importation en vrac de produits, le sourcing de produits de haute qualité, l'édition avancée de produits, l'optimisation du référencement des listes, le réapprovisionnement automatique, et un programme d'affiliation.

c. Trendsi

Trendsi est une application de dropshipping qui vous permet de vendre des vêtements, des chaussures et des accessoires de mode tendance directement à partir de votre boutique Shopify. L'application offre des prix de gros sur tous ses produits, ce qui vous permet de réaliser des marges bénéficiaires plus élevées.

d. CJ Dropshipping

Comme mentionné précédemment, CJ Dropshipping est une plateforme de dropshipping qui offre une intégration avec Shopify. CJ Dropshipping vous permet de trouver des produits de divers fournisseurs et de les ajouter à votre boutique Shopify.

e. DropCommerce

DropCommerce est une autre application de dropshipping pour Shopify qui se distingue par le fait qu'elle ne propose que des produits de fournisseurs nord-américains. Cela signifie que les délais de livraison sont généralement plus courts et que la qualité des produits est souvent plus élevée.

f. GlowRoad

GlowRoad est une application de dropshipping qui vous permet de trouver et de vendre des produits de diverses catégories. Avec GlowRoad, vous pouvez ajouter des produits à votre boutique Shopify en un seul clic.

g. Spocket

Spocket est une plateforme de dropshipping qui vous permet de choisir les meilleurs produits à vendre à partir de divers fournisseurs du monde entier. Vous pouvez tester Spocket gratuitement, et si vous décidez de vous abonner à un plan payant, vous pouvez bénéficier de fonctionnalités supplémentaires.

h. Zendrop

Zendrop est une solution de dropshipping automatisée qui vous permet de trouver et d'ajouter des produits à votre boutique Shopify en quelques clics. Zendrop offre également une exécution rapide des commandes et un service client de premier ordre.

i. Importify

Importify vous permet d'importer des produits de diverses plateformes de commerce électronique directement dans votre boutique Shopify. Avec Importify, vous pouvez également automatiser le processus de passation de commandes.

j. Modalyst

Modalyst est une plateforme de dropshipping qui se concentre sur les produits de marque, les produits de mode, les produits de luxe et les produits de niche uniques. Avec Modalyst, vous pouvez ajouter des produits à votre boutique Shopify en un seul clic.

k. Inventory Source

InventorySource est une plateforme de dropshipping qui vous permet de synchroniser automatiquement les produits et les stocks de vos fournisseurs avec votre boutique Shopify.

l. Syncee

Syncee est une application de dropshipping qui vous permet de trouver et d'ajouter des produits à votre boutique Shopify à partir de fournisseurs du monde entier. Syncee offre également une intégration avec plusieurs autres plateformes de commerce électronique.

m. Oberlo

Oberlo est l'une des applications de dropshipping les plus populaires pour Shopify. Elle vous permet d'importer facilement des produits de fournisseurs directement dans votre boutique Shopify et de les expédier directement à vos clients.

n. Printful

Printful est une application de dropshipping qui se concentre sur les produits imprimés sur demande. Avec Printful, vous pouvez vendre des t-shirts, des sweats à capuche, des affiches, des tasses, des sacs, et plus encore, tous personnalisés avec vos propres designs.

o. Aliexpress Dropshipping

Aliexpress Dropshipping est une application qui vous permet d'ajouter des produits d'Aliexpress à votre boutique Shopify. Elle offre une intégration complète avec Aliexpress, ce qui signifie que vous pouvez importer des produits, gérer les commandes, et suivre les expéditions directement à partir de votre tableau de bord Shopify.

Chaque plugin a ses propres caractéristiques et avantages, il est donc important de choisir celui qui correspond le mieux à vos besoins spécifiques. N'oubliez pas que l'ajout de produits à votre boutique est une étape importante, mais il est également essentiel de maintenir une bonne relation avec vos fournisseurs, de gérer efficacement vos stocks et de fournir un excellent service à la clientèle.

7. Conclusion

L'ajout de produits à votre boutique Shopify est une tâche continue. À mesure que vous ajoutez de nouveaux produits à votre boutique, vous devrez continuer à gérer et à mettre à jour vos listes de produits pour vous assurer qu'elles sont à jour et précises. En suivant les étapes décrites dans ce guide, vous devriez être en mesure d'ajouter des produits à votre boutique de manière efficace et efficace.

Chapitre 7 : Comment configurer les paramètres de paiement et d'expédition sur Shopify

1. Configuration des paramètres de paiement sur Shopify

La configuration des paramètres de paiement sur Shopify est une étape cruciale pour assurer le bon fonctionnement de votre boutique en ligne. Voici un guide détaillé pour vous aider à travers ce processus :

a. Accédez à vos paramètres de paiement :

Pour commencer, connectez-vous à votre compte Shopify. Une fois que vous êtes sur votre tableau de bord, recherchez la section "Paramètres" située en bas à gauche de l'écran. Cliquez dessus, puis sélectionnez "Paiements". Vous serez alors redirigé vers la page des paramètres de paiement.

b. Choisissez votre fournisseur de paiement :

Shopify propose une variété de fournisseurs de paiement pour répondre aux besoins de différents marchands. Vous pouvez choisir d'utiliser Shopify Payments, qui est le fournisseur de paiement par défaut de Shopify. Cependant, si vous préférez, vous pouvez également choisir parmi une liste de fournisseurs de paiement tiers. Chaque fournisseur a ses propres avantages et inconvénients, alors assurez-vous de faire vos recherches pour trouver celui qui convient le mieux à votre entreprise.

c. Configurez vos paramètres de paiement :

Une fois que vous avez choisi votre fournisseur de paiement, vous devez configurer vos paramètres de paiement. Cela peut inclure l'ajout de vos informations de compte bancaire, la configuration de vos paramètres de carte de crédit et la configuration de vos paramètres de paiement alternatifs. Prenez le temps de remplir ces informations avec soin pour éviter tout problème de paiement à l'avenir.

d. Enregistrez vos paramètres :

Après avoir configuré vos paramètres de paiement, n'oubliez pas de cliquer sur "Enregistrer" pour sauvegarder vos modifications. Cela garantira que tous vos paramètres de paiement sont correctement enregistrés et prêts à être utilisés.

2. Configuration des paramètres d'expédition sur Shopify

La configuration des paramètres d'expédition sur Shopify est tout aussi importante que la configuration des paramètres de paiement. Voici comment vous pouvez le faire :

a. Accédez à vos paramètres d'expédition :

Connectez-vous à votre compte Shopify et accédez à la section "Paramètres". Cliquez ensuite sur "Expédition et livraison". Vous serez alors redirigé vers la page des paramètres d'expédition.

b. Configurez vos zones d'expédition :

Les zones d'expédition sont les régions géographiques où vous expédiez vos produits. Vous pouvez configurer différentes zones d'expédition en fonction de vos besoins. Pour chaque zone d'expédition, vous pouvez définir des tarifs d'expédition spécifiques. Cela vous permet de contrôler les coûts d'expédition pour différentes régions et de proposer des tarifs d'expédition compétitifs à vos clients.

c. Configurez vos tarifs d'expédition :

Pour chaque zone d'expédition, vous pouvez configurer différents tarifs d'expédition. Vous pouvez définir des tarifs d'expédition fixes, des tarifs basés sur le poids ou le prix, ou des tarifs calculés en fonction des tarifs de vos transporteurs. Cela vous donne une grande flexibilité pour déterminer comment vous voulez facturer l'expédition à vos clients.

d. Configurez vos paramètres de livraison :

En plus des paramètres d'expédition standard, Shopify vous permet également de configurer des options de livraison locales pour les clients qui se trouvent à proximité de votre emplacement. Cela peut inclure la livraison locale et le retrait en magasin. Ces options peuvent offrir une commodité supplémentaire à vos clients et peuvent aider à stimuler les ventes.

e. Enregistrez vos paramètres :

Une fois que vous avez configuré vos paramètres d'expédition, n'oubliez pas de cliquer sur "Enregistrer" pour sauvegarder vos modifications. Cela garantira que tous vos paramètres d'expédition sont correctement enregistrés et prêts à être utilisés.

En suivant ces étapes, vous pouvez configurer efficacement vos paramètres de paiement et d'expédition sur Shopify. Cependant, n'oubliez pas que ces paramètres peuvent nécessiter des ajustements au fil du temps en fonction des besoins changeants de votre entreprise et de vos clients. Il est donc important de les revoir régulièrement pour vous assurer qu'ils sont toujours optimisés pour votre boutique en ligne.

Chapitre 8 : Comment choisir et personnaliser un thème pour votre boutique Shopify

Le choix du thème de votre boutique Shopify est une étape cruciale dans la création de votre boutique en ligne. Il s'agit de bien plus que de choisir des couleurs et des designs attrayants. Un bon thème est le fondement de l'identité visuelle de votre boutique, et il joue un rôle déterminant dans la façon dont vos clients perçoivent et interagissent avec votre marque.

Lorsqu'il est bien choisi, un thème peut aider à attirer et à retenir les clients en créant une première impression forte et positive. Il peut mettre en valeur vos produits, faciliter la navigation et rendre le processus d'achat aussi simple et agréable que possible. En outre, un thème bien conçu et bien structuré peut contribuer à augmenter les ventes en encourageant les visiteurs à explorer votre boutique et à découvrir vos produits.

Enfin, un bon thème peut améliorer l'expérience utilisateur en offrant une interface intuitive et réactive. Il peut aider vos clients à trouver facilement ce qu'ils cherchent, à comprendre clairement ce que vous offrez et à effectuer leurs achats sans encombre. En somme, le choix du thème est une décision stratégique qui peut avoir un impact significatif sur le succès de votre boutique Shopify.

1. Pourquoi le choix du thème est crucial pour votre boutique Shopify

Un thème bien choisi est plus qu'un simple habillage pour votre boutique Shopify. Il est l'élément central qui peut faire la différence entre une boutique qui convertit et une qui ne le fait pas. Il joue un rôle crucial dans plusieurs aspects de votre boutique en ligne.

Premièrement, votre thème est souvent la première chose que vos clients voient lorsqu'ils visitent votre boutique. Il contribue à créer une première impression positive et mémorable. Un design attrayant, professionnel et en accord avec votre marque peut immédiatement attirer l'attention des visiteurs et les inciter à explorer davantage votre boutique.

Deuxièmement, votre thème est un outil puissant pour renforcer votre marque. Il vous permet de créer une identité visuelle cohérente et reconnaissable qui reflète les valeurs et l'essence de votre marque. Les couleurs, les polices, les images et même la disposition des éléments peuvent tous être utilisés pour raconter l'histoire de votre marque et créer une connexion émotionnelle avec vos clients.

Enfin, un bon thème facilite la navigation pour vos clients. Il organise l'information de manière logique et intuitive, rendant facile pour les clients de trouver ce qu'ils cherchent. Un thème bien structuré peut guider les visiteurs à travers votre boutique, les conduire vers les produits ou les informations qu'ils recherchent et les inciter à effectuer l'action souhaitée, que ce soit l'achat d'un produit, l'inscription à une newsletter ou la prise de contact avec vous.

En somme, le choix du thème est une décision stratégique qui a un impact direct sur l'expérience de vos clients, l'image de votre marque et finalement, le succès de votre boutique Shopify.

2. Comment choisir le bon thème pour votre boutique Shopify

a. Comprendre votre public cible

La première étape pour choisir le bon thème pour votre boutique Shopify est de comprendre qui sont vos clients et ce qu'ils attendent d'une boutique en ligne. Il est crucial de tenir compte de leurs préférences, de leurs comportements d'achat et de leurs attentes en matière d'expérience utilisateur. Par exemple, si vous vendez des produits de luxe, vous pourriez vouloir un thème qui reflète cette image haut de gamme, avec un design élégant et des fonctionnalités premium. Si votre public cible est jeune et branché, un thème moderne, coloré et dynamique pourrait être plus approprié. Il est également important de prendre en compte les tendances actuelles du design web et de l'e-commerce, car elles peuvent influencer les attentes de votre public cible.

b. Identifier vos besoins en matière de fonctionnalités

Chaque boutique en ligne a des besoins spécifiques en matière de fonctionnalités, en fonction de son secteur d'activité, de ses produits et de sa stratégie de vente. Certains thèmes Shopify offrent des fonctionnalités spécifiques, comme des galeries de produits, des sections de blog, ou des intégrations avec les réseaux sociaux. Identifiez les fonctionnalités dont vous avez besoin avant de choisir un thème. Par exemple, si vous avez une grande variété de produits, vous pourriez avoir besoin d'un thème qui offre de nombreuses options de filtrage et de tri. Si vous prévoyez de publier régulièrement du contenu, un thème avec une section de blog robuste pourrait être préférable.

c. Considérer le design et l'esthétique

Le design de votre boutique doit être attrayant et refléter votre marque. Prenez en compte les couleurs, les polices et le style général du thème. Un thème qui correspond à votre identité de marque peut aider à créer une expérience cohérente pour vos clients, renforcer la reconnaissance de votre marque et établir une connexion émotionnelle avec vos clients. N'oubliez pas que le design de votre boutique doit également faciliter la navigation et mettre en valeur vos produits.

d. Prendre en compte la compatibilité mobile

Avec l'augmentation du commerce mobile, il est essentiel que votre boutique en ligne soit optimisée pour les appareils mobiles. Assurez-vous que le thème que vous choisissez est responsive, c'est-à-dire qu'il s'adapte automatiquement à la taille de l'écran de l'utilisateur, et offre une bonne expérience sur mobile. Un thème qui n'est pas optimisé pour les appareils mobiles peut frustrer les utilisateurs et les dissuader de faire des achats.

e. Examiner les avis et les évaluations

Les avis des autres utilisateurs peuvent vous donner une idée de la qualité du thème et de son service client. Recherchez un thème avec de bonnes évaluations et des avis positifs. N'oubliez pas de vérifier comment le développeur du thème répond aux commentaires et aux préoccupations des utilisateurs, car cela peut vous donner une idée de la qualité de leur service client.

En outre, il peut être utile de voir comment le thème se comporte en action. Recherchez des exemples de boutiques en ligne qui utilisent le thème qui vous intéresse. Cela peut vous donner une meilleure idée de ce à quoi vous pouvez vous attendre et comment vous pouvez personnaliser le thème pour répondre à vos propres besoins.

En somme, le choix du thème est une décision stratégique qui a un impact direct sur l'expérience de vos clients, l'image de votre marque et finalement, le succès de votre boutique Shopify. Prenez le temps de faire des recherches, d'évaluer vos options et de choisir un thème qui correspond à votre vision et à vos objectifs commerciaux.

Il est important de noter que le choix du thème n'est pas une décision définitive. Shopify vous permet de changer de thème à tout moment, vous pouvez donc expérimenter différents thèmes et voir lequel fonctionne le mieux pour votre boutique. Cependant, un changement de thème peut nécessiter des ajustements et des personnalisations, il est donc préférable de faire le bon choix dès le départ.

En fin de compte, le thème parfait pour votre boutique Shopify est celui qui répond à vos besoins, plaît à votre public cible et aide à faire croître votre entreprise.

3. Comment personnaliser votre thème Shopify

a. Modifier les paramètres généraux

La plupart des thèmes Shopify vous permettent de modifier les paramètres généraux, comme les couleurs, les polices et les logos. Ces modifications peuvent sembler minimes, mais elles peuvent avoir un impact significatif sur l'apparence et la convivialité de votre boutique. Par exemple, vous pouvez choisir des couleurs qui correspondent à votre identité de marque, sélectionner des polices qui sont faciles à lire et télécharger votre logo pour renforcer la reconnaissance de votre marque. De plus, de nombreux thèmes vous permettent de personnaliser les boutons, les bordures, les arrière-plans et d'autres éléments de design pour créer une expérience utilisateur cohérente.

b. Personnaliser les sections de votre boutique

Chaque thème Shopify a des sections, comme l'en-tête, le pied de page, la page d'accueil, les pages de produits, etc. Vous pouvez personnaliser ces sections en fonction de vos besoins. Par exemple, vous pouvez ajouter des bannières ou des diaporamas à votre page d'accueil pour mettre en avant vos produits phares ou vos promotions. Vous pouvez également modifier la disposition de vos pages de produits pour mettre en valeur vos images de produits et faciliter l'achat. N'oubliez pas que chaque section de votre boutique doit servir un objectif précis et contribuer à l'expérience globale de vos clients.

c. Ajouter des fonctionnalités avec des applications

Si vous avez besoin de fonctionnalités supplémentaires qui ne sont pas incluses dans votre thème, vous pouvez ajouter des applications Shopify. Il existe des milliers d'applications disponibles qui peuvent ajouter des fonctionnalités à votre boutique, comme des outils de marketing par e-mail, des intégrations de médias sociaux, des outils de SEO, des options de livraison et bien plus encore. Lorsque vous choisissez des applications, assurez-vous qu'elles sont compatibles avec votre thème et qu'elles peuvent aider à améliorer l'expérience de vos clients.

d. Tester et optimiser votre thème

Une fois que vous avez personnalisé votre thème, il est important de le tester pour vous assurer qu'il fonctionne correctement et qu'il offre une bonne expérience utilisateur. Vérifiez votre boutique sur différents appareils et navigateurs pour vous assurer qu'elle est responsive et qu'elle fonctionne correctement. Utilisez également les outils d'analyse pour voir comment vos clients interagissent avec votre boutique et identifier les domaines qui peuvent être améliorés.

La personnalisation de votre thème Shopify est un processus continu. À mesure que votre entreprise grandit et que les besoins de vos clients évoluent, vous devrez peut-être apporter des modifications et des ajustements à votre thème pour vous assurer qu'il reste efficace et attrayant.

4. Les meilleures pratiques pour la personnalisation de thèmes

Lors de la personnalisation de votre thème, il est essentiel de garder à l'esprit l'expérience utilisateur. Voici quelques meilleures pratiques à suivre :

a. Prioriser la facilité de navigation

Assurez-vous que votre boutique est facile à naviguer. Les clients doivent pouvoir trouver rapidement et facilement ce qu'ils cherchent. Cela signifie que vous devez organiser vos produits de manière logique, utiliser des menus clairs et des filtres de recherche efficaces, et fournir des liens vers des informations importantes comme les politiques de retour et les informations de contact. Une navigation intuitive peut aider à augmenter le temps passé sur votre site, à réduire le taux de rebond et à augmenter les conversions.

b. Mettre en avant les informations importantes

Les informations importantes doivent être faciles à trouver. Cela comprend les détails du produit, les prix, les options de livraison et de paiement, et les avis des clients. Assurez-vous que ces informations sont présentées de manière claire et concise, et qu'elles sont facilement accessibles depuis chaque page de produit. De plus, n'oubliez pas d'inclure des appels à l'action clairs pour guider les clients vers l'étape suivante, qu'il s'agisse d'ajouter un produit au panier, de continuer à faire des achats ou de passer à la caisse.

c. Maintenir une cohérence de design

Gardez votre design cohérent pour renforcer votre marque. Cela signifie utiliser les mêmes couleurs, polices et styles graphiques sur toutes vos pages. Une cohérence de design peut aider à créer une expérience utilisateur fluide, à renforcer la reconnaissance de votre marque et à établir une connexion émotionnelle avec vos clients. De plus, un design cohérent peut rendre votre boutique plus professionnelle et digne de confiance.

d. Optimiser pour le mobile

Avec l'augmentation du commerce mobile, il est essentiel d'optimiser votre boutique pour les appareils mobiles. Assurez-vous que votre thème est *responsive*, c'est-à-dire qu'il s'adapte automatiquement à la taille de l'écran de l'utilisateur. De plus, veillez à ce que les éléments interactifs, comme les boutons et les liens, soient suffisamment grands et espacés pour être facilement utilisables sur un écran tactile.

e. Tester et ajuster régulièrement

Enfin, n'oubliez pas que la personnalisation de votre thème est un processus continu. Testez régulièrement votre boutique pour vous assurer qu'elle fonctionne correctement et qu'elle offre une bonne expérience utilisateur.

Utilisez les outils d'analyse pour suivre les comportements des utilisateurs, identifier les problèmes et les opportunités, et faire des ajustements en conséquence.

5. Conclusion

Choisir et personnaliser un thème est une étape importante, mais passionnante, dans la création de votre boutique Shopify. Avec le bon thème, vous pouvez créer une boutique attrayante qui reflète votre marque, répond aux besoins de vos clients et aide à augmenter vos ventes. C'est une occasion unique de donner vie à votre vision et de créer une expérience de shopping en ligne qui est non seulement fonctionnelle, mais aussi mémorable et engageante.

Un thème bien choisi et personnalisé peut faire la différence entre une boutique qui convertit et une qui ne le fait pas. Il peut aider à créer une première impression positive, à renforcer votre marque et à faciliter la navigation pour vos clients. Il peut également améliorer l'expérience utilisateur en rendant votre boutique facile à naviguer et en mettant en valeur vos produits de manière attrayante.

Cependant, le choix et la personnalisation d'un thème ne sont pas des tâches à prendre à la légère. Ils nécessitent une réflexion stratégique, une compréhension claire de votre public cible et de vos objectifs commerciaux, et une volonté d'expérimenter et d'optimiser en fonction des retours de vos clients et des performances de votre boutique.

En fin de compte, le thème parfait pour votre boutique Shopify est celui qui vous aide à raconter l'histoire de votre marque, à engager vos clients et à les inciter à revenir encore et encore. Alors, prenez le temps de choisir judicieusement, de personnaliser soigneusement et de tester régulièrement. Votre boutique Shopify est le reflet de votre entreprise en ligne, et un thème bien choisi et personnalisé peut vous aider à briller.

Chapitre 9 : Comment optimiser votre boutique Shopify pour le SEO

1. Introduction à l'optimisation SEO pour Shopify

L'optimisation pour les moteurs de recherche, plus communément appelée SEO (Search Engine Optimization), est une composante essentielle pour toute boutique en ligne, y compris celles hébergées sur Shopify. Le SEO est une série de techniques et de stratégies utilisées pour améliorer la visibilité d'un site web dans les résultats des moteurs de recherche comme Google, Bing ou Yahoo. L'objectif est d'attirer un trafic de qualité, c'est-à-dire des visiteurs activement intéressés par les produits ou services que vous proposez.

Dans un environnement numérique de plus en plus compétitif, une bonne stratégie de SEO peut faire la différence entre une boutique en ligne prospère et une autre qui peine à attirer et à retenir les clients. Une boutique bien optimisée pour le SEO peut conduire à une augmentation significative du trafic organique, c'est-à-dire des visiteurs qui arrivent sur votre site après avoir effectué une recherche sur un moteur de recherche, et potentiellement à une augmentation des ventes.

Shopify, en tant que plateforme de commerce électronique leader, comprend l'importance du SEO pour le succès de ses utilisateurs. C'est pourquoi la plateforme offre une variété d'outils et de fonctionnalités intégrées pour vous aider à optimiser votre boutique pour le SEO. Ces outils vont de l'édition des balises de titre et de description, à la personnalisation des URL, en passant par la génération automatique de fichiers sitemap. De plus, Shopify propose également une gamme d'applications tierces qui peuvent vous aider à approfondir encore plus votre optimisation SEO.

Il est important de noter que le SEO n'est pas un processus ponctuel, mais plutôt une stratégie à long terme qui nécessite un suivi et des ajustements réguliers. Les algorithmes des moteurs de recherche évoluent constamment, et il est donc crucial de rester à jour avec les meilleures pratiques de SEO pour assurer une visibilité continue de votre boutique en ligne.

2. Importance du SEO pour votre boutique Shopify

Le SEO est d'une importance cruciale pour votre boutique Shopify, et ce pour plusieurs raisons. Tout d'abord, une stratégie de SEO efficace peut grandement augmenter la quantité de trafic que vous recevez des moteurs de recherche. Plus vous apparaissez haut dans les résultats de recherche, plus vous êtes susceptible d'attirer des visiteurs sur votre boutique. Cela peut conduire à une augmentation significative du nombre de clients potentiels qui découvrent vos produits.

Mais le SEO ne se contente pas d'augmenter la quantité de trafic - il améliore aussi la qualité de ce trafic. Les utilisateurs qui trouvent votre boutique via une recherche organique sont souvent plus engagés et plus susceptibles de faire un achat, car ils recherchaient activement un produit que vous vendez. En d'autres termes, le SEO vous aide à attirer des visiteurs qui sont déjà intéressés par ce que vous avez à offrir, ce qui augmente vos chances de conversion.

De plus, le SEO est une stratégie à long terme qui peut apporter des bénéfices durables à votre boutique. Contrairement à la publicité payante, qui ne génère du trafic que tant que vous continuez à payer, les efforts que vous consacrez au SEO peuvent continuer à porter leurs fruits pendant des mois, voire des années. Une fois que vous avez réussi à obtenir un bon classement dans les résultats de recherche, vous pouvez continuer à attirer du trafic organique sans avoir à dépenser d'argent supplémentaire.

Enfin, il est important de noter que le SEO peut également contribuer à la crédibilité et à la confiance de votre marque. Les utilisateurs ont tendance à faire confiance aux sites qui apparaissent en haut des résultats de recherche, et être bien classé pour les mots-clés pertinents peut donc aider à renforcer la réputation de votre boutique.

En résumé, le SEO est un élément essentiel de toute stratégie de commerce électronique réussie. Il peut vous aider à attirer plus de visiteurs, à améliorer la qualité de votre trafic, à renforcer la confiance dans votre marque et à assurer la croissance à long terme de votre boutique Shopify.

3. Comment ajouter des mots-clés pour le SEO sur Shopify

L'ajout de mots-clés est une étape fondamentale de l'optimisation SEO. Les mots-clés sont les termes que les utilisateurs saisissent dans les moteurs de recherche lorsqu'ils cherchent un produit ou un service. Ils sont essentiels pour aider les moteurs de recherche à comprendre le contenu de votre site et à déterminer quand il doit apparaître dans les résultats de recherche.

Pour ajouter des mots-clés à votre boutique Shopify, vous devez les intégrer dans plusieurs éléments de votre site. Voici comment vous pouvez le faire :

a. Titres de produits

Les titres de vos produits sont l'un des premiers endroits où vous devriez inclure vos mots-clés. Ils sont fortement pondérés par les moteurs de recherche et sont souvent ce que les utilisateurs voient en premier dans les résultats de recherche.

b. Descriptions de produits

Les descriptions de vos produits sont une autre opportunité importante pour inclure vos mots-clés. Essayez d'intégrer naturellement vos mots-clés dans des descriptions détaillées et informatives qui fournissent une valeur réelle aux utilisateurs.

c. Balises méta

Les balises méta, qui comprennent les balises de titre et de description, sont un autre élément clé pour l'optimisation des mots-clés. Elles apparaissent dans le code de votre site et dans les résultats de recherche, et peuvent aider à améliorer votre visibilité.

d. URL

Les URL de vos pages de produits peuvent également être optimisées avec des mots-clés. Une URL descriptive et riche en mots-clés peut aider les moteurs de recherche et les utilisateurs à comprendre de quoi parle la page.

e. Alt textes des images

Les moteurs de recherche ne peuvent pas "voir" les images, ils se fient donc aux alt textes pour comprendre ce qu'elles représentent. Assurez-vous d'inclure des mots-clés pertinents dans vos alt textes.

Lorsque vous choisissez et utilisez des mots-clés, assurez-vous qu'ils sont pertinents pour les produits que vous vendez. Utilisez des outils de recherche de mots-clés pour trouver des termes qui ont un volume de recherche élevé mais une concurrence faible à modérée.

De plus, essayez d'utiliser des mots-clés à longue traîne - des phrases de trois mots ou plus qui sont très spécifiques à ce que vous vendez. Ces types de mots-clés sont généralement moins compétitifs et peuvent vous aider à cibler des niches spécifiques.

En résumé, l'ajout de mots-clés est une étape essentielle de l'optimisation SEO sur Shopify. En intégrant stratégiquement des mots-clés pertinents dans votre boutique, vous pouvez améliorer votre visibilité dans les moteurs de recherche et attirer plus de clients potentiels.

4. Optimisation du site pour le SEO

L'optimisation de votre site pour le SEO est un processus multifacettes qui va au-delà de l'ajout de mots-clés. Il s'agit de créer un site qui est non seulement favorable aux moteurs de recherche, mais aussi utile et attrayant pour les visiteurs réels de votre site. Voici quelques aspects clés de l'optimisation du site pour le SEO :

a. Navigation facile

Un site bien structuré et facile à naviguer est essentiel pour une bonne expérience utilisateur, ce qui peut avoir un impact positif sur votre classement SEO. Cela signifie avoir une hiérarchie de site claire, des menus intuitifs et des liens internes qui aident les utilisateurs à trouver ce qu'ils cherchent. De plus, une bonne navigation aide les moteurs de recherche à comprendre et à indexer votre site plus efficacement.

b. Vitesse du site

La vitesse de chargement de votre site est un facteur de classement important pour Google. Les sites qui chargent rapidement offrent une meilleure expérience utilisateur et sont donc favorisés par les moteurs de recherche. Vous pouvez optimiser la vitesse de votre site en réduisant la taille des images, en minimisant le code CSS et JavaScript, et en utilisant un thème Shopify rapide et bien codé.

c. Compatibilité mobile

Avec l'augmentation de l'utilisation des smartphones, une grande partie des recherches en ligne est effectuée sur des appareils mobiles. Google a adopté une indexation mobile-first, ce qui signifie qu'il considère la version mobile de votre site pour le classement. Assurez-vous donc que votre site est responsive, c'est-à-dire qu'il s'adapte bien à tous les types d'écrans, et offre une expérience utilisateur de qualité sur mobile.

d. Optimisation des images

Les images peuvent jouer un rôle important dans le SEO. Assurez-vous qu'elles sont de bonne qualité, mais aussi optimisées pour le web (taille de fichier réduite, format approprié). N'oubliez pas d'ajouter des balises alt descriptives contenant vos mots-clés pour aider les moteurs de recherche à comprendre ce que représentent les images.

e. Contenu de qualité

Le contenu de votre site doit être de haute qualité, pertinent et utile pour vos visiteurs. Cela inclut les descriptions de produits, les articles de blog, les guides, etc. Un bon contenu peut vous aider à vous positionner comme une autorité dans votre domaine, à attirer et à retenir les visiteurs, et à améliorer votre classement SEO.

En résumé, l'optimisation du site pour le SEO est un processus complexe qui nécessite une attention à de nombreux détails. Cependant, en prenant le temps de bien faire les choses, vous pouvez améliorer la visibilité de votre boutique Shopify, offrir une meilleure expérience à vos utilisateurs et, finalement, augmenter vos ventes.

5. Checklist SEO pour les boutiques en ligne sur Shopify

Optimiser votre boutique Shopify pour le SEO peut sembler une tâche ardue, mais en décomposant le processus en étapes gérables, vous pouvez rendre votre site plus visible pour les moteurs de recherche. Voici une checklist détaillée pour vous aider à démarrer :

a. Utilisez des mots-clés pertinents

Intégrez des mots-clés pertinents dans les titres de vos produits, les descriptions, les URL et les alt textes des images. Ces mots-clés devraient refléter ce que vos clients potentiels pourraient utiliser pour rechercher les produits que vous vendez.

b. Assurez-vous que votre site est facilement navigable

Une structure de site claire et une navigation intuitive sont essentielles pour aider les utilisateurs et les moteurs de recherche à trouver ce qu'ils cherchent. Cela comprend l'utilisation de menus clairs, de liens internes et d'une hiérarchie de site logique.

c. Optimisez la vitesse de votre site

Les moteurs de recherche favorisent les sites qui chargent rapidement. Vous pouvez optimiser la vitesse de votre site en compressant les images, en minimisant le code CSS et JavaScript, et en choisissant un thème Shopify qui est conçu pour la vitesse.

d. Rendez votre site mobile-friendly

De plus en plus de personnes font leurs achats sur des appareils mobiles. Assurez-vous que votre site est responsive et offre une expérience utilisateur de qualité sur tous les types d'écrans.

e. Utilisez des balises méta uniques pour chaque page

Les balises méta, qui comprennent les titres et les descriptions, sont affichées dans les résultats de recherche et peuvent influencer le taux de clic. Chaque page de votre site devrait avoir des balises méta uniques qui décrivent précisément le contenu de la page.

f. Ajoutez un sitemap à votre boutique Shopify

Un sitemap aide Google à comprendre la structure de votre site et à indexer correctement vos pages. Shopify génère automatiquement un sitemap pour votre boutique, mais vous devez le soumettre à Google Search Console pour qu'il soit pris en compte.

g. Utilisez Google Analytics pour suivre votre performance SEO

Google Analytics est un outil puissant qui peut vous aider à comprendre comment les utilisateurs interagissent avec votre site et où il y a des opportunités d'amélioration. Utilisez-le pour suivre vos classements de mots-clés, le trafic de recherche organique, le comportement des utilisateurs et bien plus encore.

En suivant cette checklist, vous pouvez vous assurer que vous couvrez les bases de l'optimisation SEO pour votre boutique Shopify. N'oubliez pas que le SEO est un processus continu - il est important de surveiller régulièrement votre performance et de faire des ajustements au besoin.

6. Conclusion

L'optimisation pour les moteurs de recherche, ou SEO, n'est pas une tâche que vous pouvez simplement cocher de votre liste une fois qu'elle est terminée. C'est un processus continu qui nécessite une attention constante, un suivi et des ajustements réguliers pour rester efficace. Les algorithmes des moteurs de recherche évoluent constamment, et les comportements de recherche des utilisateurs changent également avec le temps. Cela signifie que vous devez rester vigilant et prêt à adapter votre stratégie SEO en conséquence.

Cependant, malgré le travail et l'engagement qu'elle nécessite, l'optimisation SEO est un investissement qui en vaut la peine. En prenant le temps d'optimiser votre boutique Shopify pour le SEO, vous pouvez améliorer votre visibilité sur les moteurs de recherche, ce qui peut conduire à une augmentation significative du trafic vers votre site. Et ce n'est pas n'importe quel trafic - c'est du trafic qualifié, composé de personnes qui sont activement intéressées par ce que vous avez à offrir.

Plus de visibilité et plus de trafic qualifié peuvent se traduire par une augmentation des ventes et des revenus pour votre boutique Shopify. Mais au-delà de cela, une bonne stratégie de SEO peut également aider à renforcer la crédibilité et la confiance en votre marque, à améliorer l'expérience utilisateur sur votre site, et à vous positionner comme une autorité dans votre domaine.

En fin de compte, l'optimisation SEO est une composante essentielle de toute stratégie de commerce électronique réussie. En investissant dans le SEO, vous investissez dans la visibilité à long terme et le succès de votre boutique Shopify.

Chapitre 10 : Comment configurer Google Analytics et Facebook Pixel pour votre boutique Shopify

Dans le monde du commerce électronique, la connaissance est le pouvoir. Pour réussir, il est essentiel de comprendre qui sont vos clients, comment ils interagissent avec votre boutique en ligne et quels sont les facteurs qui influencent leurs décisions d'achat. C'est là que Google Analytics et Facebook Pixel (maintenant appelé Meta Pixel) entrent en jeu.

La configuration de Google Analytics et de Meta Pixel est une étape cruciale pour optimiser votre boutique Shopify. Ces outils puissants vous permettent de suivre et d'analyser le comportement des visiteurs sur votre site. Ils recueillent des données précieuses qui vous donnent un aperçu de qui sont vos clients, comment ils naviguent sur votre site, quels produits ils consultent et, surtout, ce qui les incite à effectuer un achat.

Ces informations sont essentielles pour améliorer votre boutique et augmenter vos ventes. Par exemple, en comprenant quels produits sont les plus populaires, vous pouvez mettre en avant ces articles sur votre page d'accueil pour attirer davantage de clients. De même, en analysant le parcours de navigation de vos clients, vous pouvez identifier les obstacles potentiels à la conversion et travailler à les éliminer pour faciliter le processus d'achat.

Mais ce n'est pas tout. Google Analytics et Meta Pixel offrent également des fonctionnalités avancées, comme le suivi des conversions et le reciblage, qui peuvent vous aider à affiner votre stratégie de marketing et à atteindre vos clients de manière plus efficace.

Dans ce chapitre, nous allons vous guider à travers les étapes de configuration de Google Analytics et de Meta Pixel pour votre boutique Shopify. Nous couvrirons tout, de la création de votre compte à la configuration des événements de suivi. Alors, préparez-vous à plonger dans le monde fascinant de l'analyse de données et à découvrir comment ces outils peuvent vous aider à propulser votre boutique Shopify vers de nouveaux sommets.

1. Configuration de Google Analytics

a. Création d'un compte Google Analytics

Avant de pouvoir plonger dans le monde riche et détaillé des données de votre site web, la première étape consiste à créer un compte Google Analytics, si vous n'en avez pas déjà un. Google Analytics est un service gratuit qui vous permet de suivre le trafic de votre site web et d'analyser les comportements des visiteurs.

Pour créer un compte, rendez-vous sur le site de Google Analytics. Vous serez accueilli par une interface conviviale qui vous guidera tout au long du processus de création de compte. Vous devrez fournir quelques informations de base, comme votre adresse e-mail et le nom de votre entreprise. Vous devrez également accepter les conditions d'utilisation de Google Analytics.

Une fois que vous avez créé votre compte, Google vous fournira un ID de suivi unique. Cet ID est essentiel car il lie votre site web à votre compte Google Analytics et permet le suivi des données. Vous devrez copier cet ID de suivi et le coller dans les paramètres de votre boutique Shopify, mais nous aborderons cette étape plus en détail plus tard.

La création d'un compte Google Analytics est une étape simple mais cruciale pour comprendre et optimiser le comportement des visiteurs de votre boutique Shopify. Avec votre compte en place, vous serez prêt à commencer à recueillir des données et à utiliser ces informations pour améliorer votre boutique et augmenter vos ventes.

b. Ajout de votre boutique Shopify à Google Analytics

Une fois que vous avez créé votre compte Google Analytics, la prochaine étape consiste à ajouter votre boutique Shopify à Google Analytics. Cette étape est essentielle car elle permet à Google Analytics de commencer à recueillir des données sur le comportement des visiteurs de votre boutique.

Pour ajouter votre boutique Shopify à Google Analytics, vous devez copier l'ID de suivi de Google Analytics. Cet ID de suivi est un code unique qui identifie votre compte Google Analytics. Vous le trouverez dans les paramètres de votre compte Google Analytics, sous la rubrique "Informations de suivi".

Une fois que vous avez copié votre ID de suivi, vous devez le coller dans les paramètres de votre boutique Shopify. Pour ce faire, connectez-vous à votre compte Shopify et accédez à la section "Préférences en ligne" de vos paramètres. Ici, vous verrez un champ intitulé "Google Analytics". Collez votre ID de suivi dans ce champ et cliquez sur "Enregistrer".

En ajoutant votre boutique Shopify à Google Analytics, vous permettez à Google de commencer à recueillir des données sur le comportement des visiteurs de votre boutique. Ces données peuvent vous fournir des informations précieuses sur qui sont vos clients, comment ils naviguent sur votre site, quels produits ils consultent et, surtout, ce qui les incite à effectuer un achat. Ces informations peuvent vous aider à améliorer votre boutique, à optimiser votre stratégie de marketing et, en fin de compte, à augmenter vos ventes.

c. Activation du suivi du commerce électronique

Le suivi du commerce électronique est une fonctionnalité puissante de Google Analytics qui vous permet de suivre et d'analyser les ventes et les transactions sur votre boutique Shopify. En activant cette fonctionnalité, vous pouvez obtenir des informations détaillées sur les produits que vos clients achètent, le nombre de transactions effectuées, le revenu généré par ces transactions, et bien plus encore.

Pour activer le suivi du commerce électronique, vous devez accéder aux paramètres de votre compte Google Analytics. Une fois que vous êtes dans vos paramètres, recherchez la section "Informations de suivi". Sous cette section, vous trouverez une option intitulée "Suivi du commerce électronique". Cliquez sur cette option pour l'activer.

Une fois que vous avez activé le suivi du commerce électronique, Google Analytics commencera à recueillir des données sur les ventes et les transactions sur votre boutique Shopify. Ces données peuvent vous fournir des informations précieuses qui peuvent vous aider à comprendre quels produits sont les plus populaires, quels sont les comportements d'achat de vos clients, et comment vous pouvez optimiser votre boutique pour augmenter les ventes et les revenus.

Il est important de noter que le suivi du commerce électronique ne commence pas immédiatement après son activation. Il peut falloir un certain temps avant que Google Analytics ne commence à recueillir des données. Cependant, une fois que les données commencent à affluer, vous aurez accès à une mine d'informations qui peuvent vous aider à améliorer votre boutique et à augmenter vos ventes.

d. Configuration des objectifs

Les objectifs dans Google Analytics sont des actions spécifiques que vous souhaitez que les visiteurs de votre site accomplissent. Ces actions peuvent être aussi simples que la visite d'une certaine page ou aussi complexes que l'achat d'un produit. En configurant des objectifs, vous pouvez suivre ces actions et obtenir des informations précieuses sur le comportement des utilisateurs sur votre site.

Pour configurer des objectifs, vous devez accéder aux paramètres de votre compte Google Analytics. Une fois dans vos paramètres, recherchez la section "Objectifs". Ici, vous pouvez créer de nouveaux objectifs en cliquant sur le bouton "+ Nouvel objectif".

Lors de la création d'un objectif, vous devrez fournir certaines informations. Tout d'abord, vous devrez donner un nom à votre objectif. Choisissez un nom qui décrit clairement l'action que vous souhaitez suivre. Ensuite, vous devrez choisir le type d'objectif. Google Analytics propose plusieurs types d'objectifs, dont les destinations (par exemple, un visiteur atteint une certaine page), la durée (par exemple, un visiteur passe un certain temps sur votre site), les pages/screens par session (par exemple, un visiteur consulte un certain nombre de pages) et l'événement (par exemple, un visiteur effectue une action spécifique comme l'achat d'un produit).

Une fois que vous avez choisi le type d'objectif, vous devrez configurer les détails de l'objectif. Par exemple, si vous choisissez un objectif de destination, vous devrez fournir l'URL de la page que vous souhaitez que les visiteurs atteignent. Si vous choisissez un objectif d'événement, vous devrez fournir les détails de l'événement que vous souhaitez suivre.

La configuration des objectifs dans Google Analytics peut sembler complexe, mais elle est essentielle pour comprendre le comportement des utilisateurs sur votre site. En suivant les actions spécifiques que vous souhaitez que les visiteurs accomplissent, vous pouvez obtenir des informations précieuses qui peuvent vous aider à optimiser votre boutique et à augmenter vos ventes.

2. Configuration de Facebook Pixel

a. Création d'un Pixel Meta

Le Pixel Meta, anciennement connu sous le nom de Facebook Pixel, est un outil de suivi qui vous permet de mesurer l'efficacité de vos publicités, de comprendre les actions que les personnes effectuent sur votre site web et de cibler vos publicités de manière plus précise. La première étape pour utiliser le Pixel Meta est de le créer dans le Gestionnaire d'événements de votre compte Facebook Ads Manager.

Pour créer un Pixel Meta, connectez-vous à votre compte Facebook Ads Manager. Une fois connecté, recherchez le menu "Mesure et rapport" et sélectionnez "Gestionnaire d'événements". Dans le Gestionnaire d'événements, vous verrez une option pour "Connecter les sources de données". Cliquez sur cette option et sélectionnez "Web". Vous serez alors invité à choisir entre plusieurs options de source de données, dont le Pixel Meta.

Une fois que vous avez sélectionné le Pixel Meta, vous serez guidé à travers un processus de création de Pixel. Vous devrez donner un nom à votre Pixel, ce qui peut être utile si vous gérez plusieurs Pixels. Essayez de choisir un nom qui reflète l'usage que vous prévoyez pour ce Pixel, par exemple "Pixel de la boutique Shopify".

Ensuite, vous devrez entrer l'URL de votre site web. Cela permet à Facebook de vérifier que le Pixel peut être correctement installé sur votre site. Une fois que vous avez entré ces informations, vous pouvez cliquer sur "Continuer" pour créer votre Pixel.

La création d'un Pixel Meta est une étape essentielle pour tirer le meilleur parti de vos efforts de marketing sur Facebook. Avec un Pixel Meta en place, vous pouvez suivre les actions que les personnes effectuent sur votre site après avoir vu vos publicités Facebook, vous pouvez utiliser ces informations pour affiner vos publicités et cibler votre audience de manière plus précise.

b. Ajout de votre Pixel Meta à votre boutique Shopify

Une fois que vous avez créé votre Pixel Meta, la prochaine étape consiste à l'intégrer à votre boutique Shopify. C'est une étape essentielle qui permet à Meta de commencer à recueillir des données sur les interactions des utilisateurs avec votre boutique. Ces informations peuvent être utilisées pour optimiser vos campagnes publicitaires, améliorer le ciblage de vos annonces et augmenter l'efficacité de vos efforts de marketing.

Pour ajouter votre Pixel Meta à votre boutique Shopify, vous devez d'abord copier l'ID de votre Pixel. Vous pouvez trouver cet ID dans le Gestionnaire d'événements de votre compte Facebook Ads Manager. Il s'agit d'un code numérique unique qui identifie votre Pixel Meta.

Une fois que vous avez copié l'ID de votre Pixel, connectez-vous à votre compte Shopify. Dans le tableau de bord de Shopify, naviguez jusqu'à la section "Préférences" dans les paramètres de votre boutique. Ici, vous trouverez une section intitulée "Facebook Pixel". Collez l'ID de votre Pixel dans le champ correspondant et cliquez sur "Enregistrer".

En ajoutant votre Pixel Meta à votre boutique Shopify, vous permettez à Meta de commencer à recueillir des données sur le comportement des utilisateurs de votre boutique. Ces données peuvent vous fournir des informations précieuses sur les actions que les utilisateurs effectuent après avoir vu vos publicités, les produits qu'ils consultent et les transactions qu'ils effectuent. Ces informations peuvent être utilisées pour affiner vos campagnes publicitaires, améliorer le ciblage de vos annonces et, en fin de compte, augmenter le retour sur investissement de vos efforts de marketing.

c. Configuration des événements

Les événements dans le contexte du Pixel Meta sont des actions spécifiques que les visiteurs effectuent sur votre site web. Ces actions peuvent être aussi simples que la visite d'une page spécifique ou aussi complexes que l'ajout d'un produit au panier ou l'achat d'un produit. En configurant des événements, vous pouvez suivre ces actions et obtenir des informations précieuses sur le comportement des utilisateurs sur votre site.

Pour configurer des événements, vous devez accéder au Gestionnaire d'événements de votre compte Facebook Ads Manager. Dans le Gestionnaire d'événements, vous trouverez une section intitulée "Sources de données". C'est ici que vous pouvez voir tous vos Pixels Meta et configurer des événements pour chacun d'eux.

Lorsque vous configurez un événement, vous devez d'abord choisir le type d'événement que vous souhaitez suivre. Meta propose une variété d'événements prédéfinis que vous pouvez choisir, comme "Voir le contenu", "Ajouter au panier", "Acheter" et bien d'autres. Chaque événement correspond à une action spécifique que les utilisateurs peuvent effectuer sur votre site.

Une fois que vous avez choisi le type d'événement, vous devez configurer les détails de l'événement. Par exemple, si vous choisissez l'événement "Voir le contenu", vous pouvez spécifier quel contenu vous souhaitez suivre, comme une page de produit spécifique ou une catégorie de produits.

La configuration des événements dans le Pixel Meta peut sembler complexe, mais elle est essentielle pour comprendre le comportement des utilisateurs sur votre site. En suivant les actions spécifiques que vous souhaitez que les utilisateurs accomplissent, vous pouvez obtenir des informations précieuses qui peuvent vous aider à optimiser votre boutique, à affiner vos campagnes publicitaires et, en fin de compte, à augmenter vos ventes.

d. Utilisation de Pixel pour le reciblage

Le reciblage est une stratégie de marketing puissante qui vous permet de montrer des annonces aux personnes qui ont déjà visité votre site ou interagi avec vos produits. C'est une façon efficace de rappeler à vos visiteurs les produits qu'ils ont vus ou ajoutés à leur panier, et de les inciter à revenir sur votre site pour effectuer un achat. Le Pixel Meta joue un rôle crucial dans le reciblage en vous permettant de suivre les visiteurs de votre site et de cibler vos annonces en fonction de leur comportement.

Pour utiliser le Pixel Meta pour le reciblage, vous devez d'abord configurer des événements de reciblage dans le Gestionnaire d'événements de votre compte Facebook Ads Manager. Ces événements peuvent inclure des actions comme la visite d'une page de produit, l'ajout d'un produit au panier, ou l'inscription à une newsletter.

Une fois que vous avez configuré vos événements de reciblage, vous pouvez créer des audiences personnalisées basées sur ces événements. Par exemple, vous pouvez créer une audience de personnes qui ont ajouté un produit à leur panier mais n'ont pas effectué d'achat. Vous pouvez ensuite cibler vos annonces vers cette audience pour les encourager à revenir sur votre site et à finaliser leur achat.

En plus de créer des audiences basées sur des événements spécifiques, vous pouvez également utiliser le Pixel Meta pour créer des audiences similaires. Ces audiences sont composées de personnes qui partagent des caractéristiques similaires avec votre audience existante, ce qui vous permet d'élargir votre portée et d'attirer de nouveaux clients potentiels.

L'utilisation du Pixel Meta pour le reciblage peut améliorer considérablement l'efficacité de vos campagnes publicitaires. En ciblant vos annonces vers les personnes qui ont déjà montré un intérêt pour vos produits, vous pouvez augmenter vos chances de conversion et maximiser le retour sur investissement de vos efforts de marketing.

3. Conclusion

La configuration de Google Analytics et de Meta Pixel est bien plus qu'une simple étape technique dans la mise en place de votre boutique Shopify. C'est une démarche stratégique qui vous ouvre les portes d'une compréhension approfondie de vos clients et de leurs comportements. Ces outils vous fournissent des données précieuses qui peuvent transformer la façon dont vous gérez votre boutique et interagissez avec vos clients.

En analysant le comportement des visiteurs de votre site, vous pouvez découvrir des tendances, identifier des opportunités et détecter des problèmes potentiels. Ces informations peuvent vous aider à améliorer l'expérience utilisateur sur votre boutique, à optimiser vos produits et vos pages, et à augmenter vos ventes.

De plus, Google Analytics et Meta Pixel vous offrent la possibilité de suivre l'efficacité de vos efforts de marketing. Que vous lanciez une nouvelle campagne publicitaire ou que vous testiez différentes stratégies de SEO, ces outils peuvent vous fournir des informations précieuses qui peuvent vous aider à affiner vos efforts et à maximiser votre retour sur investissement.

En suivant les étapes décrites dans ce chapitre, vous pouvez configurer Google Analytics et Meta Pixel pour votre boutique Shopify. Mais la configuration de ces outils n'est que le début. Pour tirer pleinement parti de leurs avantages, vous devez régulièrement analyser les données qu'ils fournissent, tester différentes stratégies et ajuster vos efforts en fonction des résultats.

En fin de compte, Google Analytics et Meta Pixel sont des outils puissants qui peuvent vous aider à comprendre vos clients, à améliorer votre boutique et à augmenter vos ventes. En les utilisant de manière stratégique, vous pouvez transformer votre boutique Shopify en une entreprise de commerce électronique prospère et rentable.

Chapitre 11 : Comment créer une stratégie de marketing pour votre boutique Shopify

1. Étape 1 : Analyse de la situation

Avant de pouvoir élaborer une stratégie de marketing efficace, vous devez comprendre votre situation actuelle. Cette étape, souvent appelée analyse SWOT (Strengths, Weaknesses, Opportunities, Threats), vous permet d'évaluer vos forces, vos faiblesses, les opportunités disponibles et les menaces potentielles.

a. Analyse du marché cible

Il est crucial de comprendre qui sont vos clients potentiels. Quels sont leurs âges, leurs intérêts, leurs comportements d'achat ? Quels types de produits recherchent-ils ? Quels sont leurs besoins et leurs désirs ? Cette compréhension vous aidera à cibler vos efforts de marketing de manière plus efficace.

b. Analyse de la concurrence

Dans le domaine du dropshipping, la concurrence peut être féroce. Qui sont vos principaux concurrents ? Quels produits offrent-ils ? Comment commercialisent-ils leurs produits ? Quels sont leurs points forts et leurs points faibles ? Une analyse approfondie de la concurrence peut vous aider à identifier des opportunités de vous démarquer.

c. Évaluation de vos propres forces et faiblesses

En tant que boutique Shopify, quels sont vos points forts ? Peut-être avez-vous une excellente sélection de produits, un service client exceptionnel, ou une expertise dans votre niche. D'un autre côté, quels sont vos points faibles ? Peut-être avez-vous du mal à générer du trafic vers votre boutique, ou peut-être que votre taux de conversion pourrait être amélioré. Une évaluation honnête de vos forces et de vos faiblesses peut vous aider à déterminer où concentrer vos efforts de marketing.

d. Examen des facteurs externes

Enfin, il est important de prendre en compte tout facteur externe qui pourrait affecter votre entreprise. Cela pourrait inclure des tendances du marché, des changements dans la réglementation, des avancées technologiques, ou même des événements mondiaux. Par exemple, la pandémie de COVID-19 a eu un impact significatif sur le commerce électronique, avec une augmentation des achats en ligne et des changements dans les comportements d'achat des consommateurs.

En résumé, l'analyse de la situation est une étape cruciale dans l'élaboration de votre stratégie de marketing. Elle vous donne une vue d'ensemble de votre position actuelle et vous aide à identifier les opportunités et les défis que vous pourriez rencontrer.

2. Étape 2 : Définir votre public cible

La définition de votre public cible est une étape cruciale dans l'élaboration de votre stratégie de marketing. Dans le contexte du dropshipping, cela signifie comprendre qui sont vos clients idéaux, quels produits ils recherchent, comment ils aiment faire leurs achats en ligne, et comment vous pouvez les atteindre efficacement.

a. Identification des clients idéaux

Vos clients idéaux sont ceux qui sont le plus susceptibles d'être intéressés par les produits que vous proposez. Ils peuvent être définis en fonction de divers critères, tels que l'âge, le sexe, la localisation géographique, les intérêts, le comportement d'achat, et plus encore. Par exemple, si vous vendez des vêtements de sport, votre public cible pourrait être les personnes qui s'intéressent à la fitness et au bien-être.

b. Comprendre les besoins et les désirs des clients

Quels types de produits vos clients recherchent-ils ? Quels sont leurs besoins et leurs désirs ? Comprendre cela peut vous aider à sélectionner les bons produits à vendre, à définir vos messages de marketing, et à créer une expérience d'achat qui répond aux attentes de vos clients.

c. Comprendre les habitudes d'achat en ligne

Comment votre public cible aime-t-il faire ses achats en ligne ? Préfèrent-ils acheter sur des plateformes de commerce électronique comme Amazon, ou préfèrent-ils acheter directement sur les sites web des marques ? Quels types de paiement préfèrent-ils utiliser ? Quels facteurs influencent leurs décisions d'achat (par exemple, les avis des clients, la livraison gratuite, les promotions) ? Comprendre ces habitudes peut vous aider à optimiser votre boutique Shopify pour répondre aux préférences de vos clients.

d. Atteindre votre public cible

Enfin, comment pouvez-vous atteindre efficacement votre public cible ? Quels canaux de marketing sont-ils les plus susceptibles d'utiliser ? Quels types de messages sont-ils susceptibles de répondre ? Par exemple, si votre public cible est jeune et technophile, vous pourriez trouver que les médias sociaux sont un canal de marketing efficace.

En résumé, définir votre public cible vous permet de comprendre qui sont vos clients, ce qu'ils veulent, et comment vous pouvez les atteindre. Cela vous permet de concentrer vos efforts de marketing sur les personnes les plus susceptibles d'être intéressées par vos produits, ce qui peut augmenter l'efficacité de votre marketing et améliorer le retour sur investissement.

3. Étape 3 : Établir vos objectifs de marketing

Chaque initiative de marketing que vous entreprenez doit être guidée par un objectif spécifique et quantifiable. Cela peut être à court ou à long terme et peut viser à attirer de nouveaux clients, à fidéliser les clients existants, ou à augmenter les ventes d'un certain produit dans votre boutique Shopify.

a. Objectifs à court terme

Les objectifs à court terme sont généralement axés sur l'augmentation immédiate des ventes et peuvent inclure des objectifs tels que l'augmentation du trafic sur votre site web, l'augmentation du taux de conversion, ou l'augmentation des ventes d'un produit spécifique. Ces objectifs sont souvent mesurés sur une période de quelques semaines à quelques mois.

b. Objectifs à long terme

Les objectifs à long terme sont généralement axés sur la croissance et la pérennité de votre entreprise. Ils peuvent inclure des objectifs tels que l'expansion de votre gamme de produits, l'entrée sur de nouveaux marchés, ou l'augmentation de la valeur à vie de vos clients. Ces objectifs sont souvent mesurés sur une période de plusieurs mois à plusieurs années.

c. Attirer de nouveaux clients

L'un des objectifs les plus courants pour les entreprises de dropshipping est d'attirer de nouveaux clients. Cela peut impliquer des stratégies telles que le SEO, la publicité payante, le marketing sur les réseaux sociaux, et plus encore.

d. Fidéliser les clients existants

Il est souvent plus rentable de fidéliser les clients existants que d'en attirer de nouveaux. Vous pouvez viser à augmenter la fréquence d'achat, la taille moyenne des commandes, ou le taux de rétention des clients.

e. Augmenter les ventes d'un produit spécifique

Si vous avez un produit qui se vend particulièrement bien, ou un produit que vous souhaitez promouvoir, vous pouvez établir un objectif de marketing spécifique pour augmenter les ventes de ce produit.

En résumé, l'établissement d'objectifs de marketing clairs et mesurables est une étape essentielle dans l'élaboration de votre stratégie de marketing. Ces objectifs vous donnent une direction claire et vous permettent de mesurer l'efficacité de vos efforts de marketing.

4. Étape 4 : Choisir vos canaux de marketing

Il existe de nombreux canaux de marketing que vous pouvez utiliser pour promouvoir votre boutique Shopify de dropshipping. Le choix des canaux à utiliser dépendra de vos objectifs, de votre public cible, et de votre budget. Voici une description plus détaillée de certains canaux de marketing populaires.

a. Publicité payante

La publicité payante, comme Google Ads ou Facebook Ads, peut être un moyen efficace d'attirer rapidement du trafic vers votre boutique. Cependant, cela peut aussi être coûteux, surtout si vous êtes dans une niche très concurrentielle. Il est important de surveiller attentivement le retour sur investissement de vos publicités payantes pour vous assurer qu'elles sont rentables.

b. Marketing de contenu

Le marketing de contenu, comme la rédaction d'articles de blog ou la création de vidéos, peut être un moyen efficace d'attirer des visiteurs vers votre boutique et de les convertir en clients. Le marketing de contenu peut également aider à améliorer votre référencement, ce qui peut augmenter votre visibilité sur les moteurs de recherche.

c. Médias sociaux

Les médias sociaux, comme Facebook, Instagram, et Twitter, peuvent être des canaux de marketing efficaces, surtout si votre public cible est actif sur ces plateformes. Vous pouvez utiliser les médias sociaux pour promouvoir vos produits, engager votre public, et même fournir un service client.

d. Marketing par e-mail

Le marketing par e-mail peut être un moyen très rentable de fidéliser vos clients. Vous pouvez utiliser l'e-mail pour informer vos clients de nouveaux produits, offrir des promotions spéciales, et plus encore. Il est important de vous assurer que vos e-mails apportent de la valeur à vos clients pour éviter qu'ils ne se désabonnent.

e. Partenariats et collaborations

Travailler avec d'autres marques ou influenceurs peut être un moyen efficace d'atteindre un public plus large. Cela peut impliquer des choses comme des posts sponsorisés sur les réseaux sociaux, des collaborations sur des produits, ou même des événements conjoints.

En résumé, le choix de vos canaux de marketing dépendra de nombreux facteurs, y compris vos objectifs, votre public cible, et votre budget. Il est important de tester différents canaux pour voir lesquels sont les plus efficaces pour votre entreprise.

5. Étape 5 : Analyse de l'impact

Une fois que vous avez mis en œuvre votre stratégie de marketing, il est important d'analyser son impact. Cette analyse vous permettra de comprendre si vos efforts de marketing sont efficaces, où vous pouvez apporter des améliorations, et comment vous pouvez optimiser vos initiatives de marketing pour obtenir de meilleurs résultats.

a. Suivi des KPIs

Les indicateurs clés de performance (KPIs) sont des mesures quantitatives qui vous aident à évaluer l'efficacité de vos efforts de marketing. Cela peut inclure des mesures telles que le trafic du site web, le taux de conversion, le coût par acquisition, la valeur à vie du client, et plus encore. Il est important de choisir des KPIs qui sont directement liés à vos objectifs de marketing.

b. Analyse des données

L'analyse des données de votre boutique Shopify et de vos campagnes de marketing peut vous fournir des informations précieuses sur l'efficacité de vos efforts. Par exemple, vous pouvez analyser les données de Google Analytics pour comprendre comment les visiteurs interagissent avec votre site web, ou vous pouvez analyser les données de vos campagnes publicitaires pour comprendre quels messages sont les plus efficaces.

c. Tests A/B

Les tests A/B peuvent être un moyen efficace d'optimiser vos efforts de marketing. Cela implique de tester deux versions différentes d'un élément de marketing (comme une page de produit, une annonce, ou un e-mail) pour voir laquelle est la plus efficace.

d. Feedback des clients

Le feedback de vos clients peut être une source précieuse d'information sur l'efficacité de votre marketing. Vous pouvez recueillir des feedbacks par le biais de sondages, de commentaires sur les réseaux sociaux, ou simplement en demandant directement à vos clients ce qu'ils pensent.

En résumé, l'analyse de l'impact de votre marketing est une étape essentielle pour optimiser vos efforts et obtenir de meilleurs résultats. En suivant vos KPIs, en analysant vos données, en effectuant des tests A/B, et en écoutant le feedback de vos clients, vous pouvez continuellement améliorer votre marketing et atteindre vos objectifs commerciaux.

6. Étape 6 : Révision et ajustement

La création d'une stratégie de marketing pour votre boutique Shopify de dropshipping n'est pas un processus ponctuel, mais plutôt un effort continu. À mesure que votre entreprise évolue, vos tactiques de marketing devront également évoluer. Il est donc important de revoir régulièrement votre stratégie de marketing et de faire les ajustements nécessaires.

a. Révision régulière

Il est recommandé de revoir votre stratégie de marketing au moins une fois par trimestre. Cela vous permet de prendre en compte les changements dans votre entreprise, votre marché, ou votre environnement concurrentiel. Par exemple, si vous lancez un nouveau produit, vous devrez peut-être ajuster votre stratégie de marketing pour le promouvoir.

b. Ajustement en fonction des résultats

Lors de la révision de votre stratégie de marketing, il est important de prendre en compte les résultats de vos efforts de marketing précédents. Si certaines tactiques ne produisent pas les résultats escomptés, il peut être nécessaire de les ajuster ou de les abandonner. De même, si certaines tactiques sont particulièrement efficaces, vous voudrez peut-être y consacrer plus de ressources.

c. Expérimentation et innovation

Le monde du marketing est en constante évolution, avec de nouvelles tactiques et technologies qui apparaissent régulièrement. Il est donc important de rester ouvert à l'expérimentation et à l'innovation. Cela pourrait impliquer d'essayer de nouvelles plateformes de médias sociaux, d'expérimenter avec la réalité augmentée ou la réalité virtuelle, ou de tester de nouvelles approches de contenu ou de storytelling.

d. Formation et apprentissage continu

Pour rester à jour avec les dernières tendances et tactiques de marketing, il est important de s'engager dans une formation et un apprentissage continu. Cela pourrait impliquer de suivre des cours en ligne, d'assister à des conférences ou des webinaires, ou de lire des livres et des blogs sur le marketing.

En résumé, la révision et l'ajustement de votre stratégie de marketing sont des étapes essentielles pour assurer le succès continu de votre boutique Shopify de dropshipping. En restant flexible et réactif, vous pouvez vous assurer que votre marketing reste efficace et aligné sur vos objectifs commerciaux.

En suivant ces étapes, vous pouvez créer une stratégie de marketing efficace qui vous aidera à atteindre vos objectifs commerciaux et à faire prospérer votre boutique Shopify de dropshipping.

Chapitre 12 : Comment utiliser le marketing par e-mail et le marketing sur les réseaux sociaux pour votre boutique Shopify

Dans le monde dynamique du commerce électronique, la visibilité et l'engagement des clients sont deux éléments clés du succès. Pour une boutique Shopify, cela signifie non seulement avoir une présence en ligne solide, mais aussi savoir comment utiliser efficacement les outils de marketing numérique à sa disposition. Parmi ces outils, le marketing par e-mail et le marketing sur les réseaux sociaux se distinguent comme des stratégies puissantes pour atteindre et engager votre public cible.

Le marketing par e-mail, une méthode éprouvée et efficace, permet d'atteindre vos clients directement dans leur boîte de réception, offrant ainsi une plateforme personnelle pour partager des mises à jour, des promotions et du contenu personnalisé. D'autre part, le marketing sur les réseaux sociaux offre une plateforme dynamique pour atteindre un large public, stimuler l'engagement et construire une communauté autour de votre marque.

Cependant, l'utilisation efficace de ces outils nécessite plus que de simples messages promotionnels ou des publications aléatoires. Il faut une stratégie bien pensée, une compréhension claire de votre public cible et une connaissance approfondie des meilleures pratiques et des tendances actuelles.

Dans ce chapitre, nous allons plonger dans le monde du marketing par e-mail et du marketing sur les réseaux sociaux. Nous explorerons comment vous pouvez utiliser ces canaux de manière stratégique pour augmenter la visibilité de votre boutique Shopify, attirer et retenir plus de clients, et finalement, stimuler vos ventes. Que vous soyez un débutant en marketing numérique ou que vous cherchiez à affiner vos stratégies existantes, ce chapitre vous fournira des informations précieuses et des conseils pratiques pour réussir dans vos efforts de marketing.

1. Marketing par e-mail pour votre boutique Shopify

Le marketing par e-mail est un outil de communication puissant qui offre une connexion directe et personnelle avec vos clients. Contrairement à d'autres formes de marketing numérique qui dépendent de l'algorithme d'une plateforme tierce, le marketing par e-mail vous donne un contrôle total sur votre message et sa distribution. C'est un canal qui vous permet de parler directement à vos clients, dans un espace qu'ils consultent régulièrement - leur boîte de réception.

L'un des principaux avantages du marketing par e-mail est sa polyvalence. Que vous lanciez un nouveau produit, annonciez une vente flash, partagiez des nouvelles de votre entreprise ou fournissiez des conseils utiles, le marketing par e-mail peut être adapté pour répondre à une multitude d'objectifs. De plus, avec la possibilité de segmenter votre liste d'e-mails, vous pouvez personnaliser vos messages pour répondre aux besoins et aux intérêts spécifiques de différents groupes de clients.

Le marketing par e-mail est également un outil précieux pour renforcer la fidélité des clients. En offrant du contenu de valeur et des offres exclusives à vos abonnés par e-mail, vous pouvez non seulement encourager les achats répétés, mais aussi renforcer la relation entre vos clients et votre marque. Cela peut conduire à une plus grande fidélité à la marque, à des taux de rétention plus élevés et à une valeur à vie plus élevée du client.

Enfin, le marketing par e-mail offre un retour sur investissement impressionnant. En fait, selon une étude de la Direct Marketing Association, le marketing par e-mail peut offrir un retour sur investissement allant jusqu'à 4300%. Cela fait du marketing par e-mail une stratégie rentable pour les boutiques Shopify de toutes tailles.

Dans les sections suivantes, nous explorerons comment vous pouvez mettre en place une stratégie de marketing par e-mail efficace pour votre boutique Shopify, des étapes pour créer une liste d'e-mails à la conception de campagnes par e-mail qui engagent et convertissent.

a. Choisir un service de marketing par e-mail

Dans le paysage numérique d'aujourd'hui, il existe une multitude de services de marketing par e-mail, chacun offrant une gamme unique de fonctionnalités, d'options de tarification et de capacités d'intégration. Certains des services les plus populaires comprennent Mailchimp, SendinBlue, et Klaviyo. Choisir le bon service pour votre boutique Shopify peut sembler une tâche ardue, mais en prenant en compte quelques facteurs clés, vous pouvez faire un choix éclairé qui soutient vos objectifs de marketing par e-mail.

L'un des facteurs les plus importants à considérer est l'intégration avec Shopify. Un service de marketing par e-mail qui s'intègre facilement avec Shopify peut simplifier considérablement votre flux de travail de marketing par e-mail. Par exemple, une bonne intégration peut vous permettre de synchroniser automatiquement vos listes de clients, de suivre les comportements d'achat et de personnaliser vos e-mails en fonction des données de votre boutique.

Ensuite, vous devriez considérer les fonctionnalités offertes par le service de marketing par e-mail. Cela peut inclure des outils pour la création d'e-mails, l'automatisation des e-mails, la segmentation de la liste d'e-mails, l'analyse et les rapports, et plus encore. Assurez-vous de choisir un service qui offre les fonctionnalités dont vous avez besoin pour atteindre vos objectifs de marketing par e-mail.

Le coût est un autre facteur important à prendre en compte. Les services de marketing par e-mail peuvent varier considérablement en termes de prix, avec des options pour tous les budgets. Il est important de choisir un service qui correspond à votre budget, mais gardez à l'esprit que le coût doit être équilibré avec les fonctionnalités et les capacités du service.

Enfin, vous devriez également considérer la réputation et les avis du service de marketing par e-mail. Les avis d'autres utilisateurs peuvent vous donner un aperçu précieux de la fiabilité du service, de la qualité du support client, et de la satisfaction générale des utilisateurs.

En prenant en compte ces facteurs, vous pouvez choisir un service de marketing par e-mail qui soutient vos objectifs de marketing, s'intègre facilement avec votre boutique Shopify, offre les fonctionnalités dont vous avez besoin, correspond à votre budget, et a une réputation solide pour la qualité et le service.

b. Créer une liste de diffusion

La création d'une liste de diffusion est une étape fondamentale pour commencer avec le marketing par e-mail. Une liste de diffusion solide est l'épine dorsale de toute stratégie de marketing par e-mail réussie, car elle vous permet de communiquer directement avec les clients et les prospects qui ont exprimé un intérêt pour votre marque.

La manière la plus courante de créer une liste de diffusion est d'ajouter une option d'inscription à la newsletter sur votre site web. Cela peut être fait en ajoutant un formulaire d'inscription simple sur votre page d'accueil, sur les pages de produits, ou même comme une étape du processus de paiement. Assurez-vous que le formulaire d'inscription est facile à trouver et à utiliser pour encourager les visiteurs à s'inscrire.

Cependant, il ne suffit pas d'avoir un formulaire d'inscription. Il est également important de rendre l'option d'inscription attrayante pour les visiteurs. Cela peut être fait en offrant une incitation à l'inscription, comme une remise sur le premier achat, l'accès à des offres exclusives, ou des mises à jour sur les nouveaux produits et les ventes à venir. Vous pouvez également utiliser un langage convaincant et engageant pour expliquer les avantages de l'inscription à votre newsletter.

En plus de l'option d'inscription sur votre site web, vous pouvez également envisager d'autres méthodes pour développer votre liste de diffusion. Par exemple, vous pouvez encourager les inscriptions lors des événements en personne, utiliser les médias sociaux pour promouvoir votre newsletter, ou même offrir une option d'inscription par e-mail pour les clients qui achètent dans votre boutique physique.

Il est important de noter que, quelles que soient les méthodes que vous utilisez pour développer votre liste de diffusion, vous devez toujours obtenir le consentement explicite des personnes pour recevoir des e-mails marketing de votre part. Cela est non seulement une bonne pratique, mais c'est aussi une exigence légale dans de nombreux pays.

Enfin, une fois que vous avez commencé à développer votre liste de diffusion, il est important de la maintenir. Cela signifie régulièrement nettoyer votre liste pour supprimer les adresses e-mail non valides ou inactives, et continuer à encourager les nouvelles inscriptions pour garder votre liste de diffusion fraîche et pertinente.

c. Créer des campagnes par e-mail

Avec une liste de diffusion en place, vous êtes prêt à commencer à créer des campagnes par e-mail. Les campagnes par e-mail sont des séries d'e-mails envoyés à des segments spécifiques de votre liste de diffusion, conçus pour encourager une certaine action ou résultat, comme un achat, un engagement ou une prise de conscience de la marque.

Le type de campagne par e-mail que vous choisissez de créer dépendra de vos objectifs de marketing spécifiques. Voici quelques types de campagnes par e-mail que vous pourriez envisager :

i. *Annonces de nouveaux produits*

Si vous lancez un nouveau produit ou une nouvelle collection, une campagne par e-mail peut être un excellent moyen de faire passer le mot. Vous pouvez créer un e-mail (ou une série d'e-mails) qui met en avant les caractéristiques du produit, montre le produit en action et encourage les destinataires à faire un achat.

ii. *Promotions et ventes*

Les e-mails promotionnels sont un outil puissant pour stimuler les ventes. Que vous offriez une remise limitée dans le temps, une offre spéciale pour les membres de la liste de diffusion, ou une vente de fin de saison, une campagne par e-mail peut aider à augmenter la visibilité de l'offre et à encourager les achats.

iii. *Contenu éducatif*

Les e-mails ne doivent pas toujours être axés sur la vente. Le partage de conseils utiles, de guides d'utilisation de produits, ou d'autres contenus éducatifs peut aider à établir votre marque comme une ressource de confiance et à renforcer la relation avec vos clients.

iv. *Mises à jour de l'entreprise*

Les e-mails peuvent également être un moyen efficace de partager des nouvelles ou des mises à jour de l'entreprise. Que vous annonciez une nouvelle embauche, partagiez un jalon important, ou racontiez une histoire sur la mission de votre entreprise, ces e-mails peuvent aider à renforcer la connexion entre votre marque et vos clients.

Lors de la création de vos campagnes par e-mail, il est important de garder à l'esprit quelques meilleures pratiques. Tout d'abord, assurez-vous que chaque e-mail a un objectif clair et une appel à l'action fort. Deuxièmement, essayez de personnaliser vos e-mails autant que possible, que ce soit en utilisant le nom du destinataire ou en adaptant le contenu en fonction de leurs préférences ou de leur comportement d'achat. Enfin, n'oubliez pas de tester et d'optimiser vos e-mails en fonction des performances pour améliorer continuellement vos campagnes par e-mail.

2. Marketing sur les réseaux sociaux pour votre boutique Shopify

Dans l'ère numérique actuelle, le marketing sur les réseaux sociaux est devenu un outil incontournable pour toute entreprise cherchant à augmenter sa visibilité et à atteindre un public plus large. Pour une boutique Shopify, l'utilisation efficace des réseaux sociaux peut non seulement augmenter la notoriété de la marque et attirer plus de trafic vers votre boutique, mais aussi créer une communauté engagée autour de votre marque.

Le marketing sur les réseaux sociaux va au-delà de la simple publication de contenu promotionnel. Il s'agit de créer et de partager du contenu qui résonne avec votre public, encourage l'engagement et favorise une relation plus profonde entre vos clients et votre marque. Que ce soit par le biais de publications de produits, de vidéos derrière les scènes, de concours interactifs ou de discussions en direct, chaque interaction sur les réseaux sociaux offre une opportunité de montrer la personnalité de votre marque et de renforcer la fidélité des clients.

De plus, les réseaux sociaux offrent une plateforme pour écouter et interagir avec vos clients. Que ce soit en répondant aux commentaires, en résolvant les problèmes de service à la clientèle, ou en recueillant des commentaires, chaque interaction est une occasion d'apprendre de vos clients et d'améliorer votre offre.

En outre, les réseaux sociaux peuvent également être un outil puissant pour le ciblage et la publicité. Avec des options de ciblage détaillées basées sur les données démographiques, les intérêts et le comportement des utilisateurs, vous pouvez atteindre un public spécifique avec vos messages et vos publicités, augmentant ainsi l'efficacité de vos efforts de marketing.

Cependant, le marketing sur les réseaux sociaux nécessite une stratégie bien pensée et une exécution cohérente. Dans les sections suivantes, nous explorerons comment vous pouvez choisir les bonnes plateformes de médias sociaux pour votre marque, créer du contenu engageant, et utiliser la publicité sur les réseaux sociaux pour atteindre vos objectifs de marketing.

a. Choisir les bonnes plateformes de médias sociaux

Avec une multitude de plateformes de médias sociaux disponibles aujourd'hui, il peut être difficile de savoir sur lesquelles concentrer vos efforts. Chaque plateforme a ses propres caractéristiques uniques, son public et ses méthodes de communication préférées. Facebook, Instagram, Twitter, Pinterest, et LinkedIn sont parmi les plus populaires, mais il existe également d'autres plateformes comme Snapchat, TikTok, et YouTube qui peuvent être pertinentes en fonction de votre public cible et de votre type de produit.

Pour choisir les bonnes plateformes pour votre boutique Shopify, vous devez d'abord comprendre votre public cible. Quel âge ont-ils ? Quels sont leurs intérêts ? Sur quelles plateformes passent-ils le plus de temps ? Par exemple, si vous ciblez un public plus jeune, des plateformes comme Instagram et TikTok peuvent être plus pertinentes. Si vous vendez des produits qui se prêtent bien à la visualisation, comme des vêtements ou des bijoux, Pinterest et Instagram pourraient être de bonnes options.

Ensuite, considérez le type de contenu que vous pouvez créer et partager régulièrement. Instagram et Pinterest sont fortement axés sur l'imagerie, tandis que Twitter est idéal pour les mises à jour rapides et le partage de contenu. Facebook et LinkedIn sont excellents pour partager une variété de contenus, y compris des articles de blog, des mises à jour de l'entreprise, et plus encore.

Il est également important de prendre en compte les ressources dont vous disposez. La gestion de plusieurs comptes de médias sociaux peut prendre beaucoup de temps, il est donc préférable de se concentrer sur quelques plateformes et de les faire bien plutôt que de s'étendre trop mince.

Enfin, n'oubliez pas que le choix de la plateforme est une décision qui doit être réévaluée régulièrement. Les tendances des médias sociaux changent rapidement, et ce qui fonctionne aujourd'hui peut ne pas fonctionner demain. Gardez un œil sur les performances de vos efforts de marketing sur les réseaux sociaux et n'hésitez pas à ajuster votre stratégie si nécessaire.

b. Créer du contenu engageant

Sur les réseaux sociaux, le contenu est plus que roi - il est le cœur et l'âme de votre présence en ligne. Un contenu de qualité peut aider à attirer l'attention, à susciter l'intérêt, à encourager l'engagement et à construire une relation durable avec votre public. C'est pourquoi il est crucial de créer du contenu qui est non seulement intéressant et pertinent pour votre marque, mais qui encourage également les utilisateurs à interagir et à s'engager.

i. *Photos de produits*

Les images de haute qualité de vos produits peuvent être incroyablement efficaces sur les plateformes visuelles comme Instagram et Pinterest. Essayez de capturer vos produits sous différents angles, en contexte, et en action pour montrer aux clients potentiels à quoi ils peuvent s'attendre.

ii.   Vidéos

Les vidéos sont de plus en plus populaires sur les réseaux sociaux et peuvent être un excellent moyen de montrer vos produits en action, de partager des tutoriels ou des démonstrations de produits, ou même de donner un aperçu des coulisses de votre entreprise.

iii.   Articles de blog

Si vous avez un blog, partager vos articles sur les réseaux sociaux peut aider à attirer du trafic vers votre site web. Assurez-vous que vos articles sont pertinents et utiles pour votre public cible.

iv.   Concours et giveaways

Les concours et les giveaways peuvent être un excellent moyen d'encourager l'engagement et de gagner de nouveaux abonnés. Assurez-vous que les règles sont claires et que le prix est attrayant pour votre public cible.

v.   Contenu généré par les utilisateurs

Encourager vos abonnés à partager leurs propres photos ou expériences avec vos produits peut non seulement fournir du contenu authentique pour votre marque, mais aussi renforcer la confiance et la fidélité des clients.

vi.   Histoires et mises à jour en direct

Les fonctionnalités comme Instagram Stories et Facebook Live offrent des moyens uniques de partager du contenu en temps réel avec votre public, que ce soit une annonce de produit, un événement en direct, ou une journée typique dans votre entreprise.

Lors de la création de contenu, gardez toujours à l'esprit votre public cible et vos objectifs de marque. Assurez-vous que votre contenu est cohérent avec votre marque et qu'il ajoute de la valeur pour vos abonnés. Et n'oubliez pas, l'engagement est une voie à double sens - assurez-vous de répondre aux commentaires, de remercier les abonnés pour leur soutien, et d'interagir avec votre communauté de manière authentique et personnelle.

c. Utiliser la publicité sur les réseaux sociaux

La publicité sur les réseaux sociaux est un outil puissant qui peut aider à amplifier votre portée, à attirer un public plus large et à stimuler les conversions pour votre boutique Shopify. Grâce à des options de ciblage précises et à une variété de formats publicitaires, les publicités sur les réseaux sociaux peuvent être un complément efficace à votre stratégie de marketing organique.

Chaque plateforme de médias sociaux offre ses propres outils de publicité, chacun avec ses propres avantages :

i.   *Facebook Ads*
Facebook offre une gamme de formats publicitaires, y compris des annonces vidéo, des carrousels de produits, et des publications sponsorisées. Avec des options de ciblage détaillées basées sur l'âge, le sexe, la localisation, les intérêts et le comportement, vous pouvez atteindre le bon public avec le bon message.

ii.   *Instagram Ads*
Étant donné que Instagram appartient à Facebook, vous pouvez utiliser les mêmes outils de ciblage pour créer des publicités visuellement attrayantes dans le flux d'actualités d'Instagram ou dans les Stories.

iii.   *3Twitter Ads*
Twitter offre des options pour promouvoir des tweets individuels, accroître la notoriété de la marque, ou stimuler le trafic du site web. Le ciblage peut être basé sur des mots-clés, des intérêts, des emplacements géographiques, et plus encore.

iv. Pinterest Ads

Si vous vendez des produits visuellement attrayants, Pinterest peut être une excellente plateforme pour la publicité. Les annonces apparaissent comme des épingles normales mais sont marquées comme sponsorisées.

v. LinkedIn Ads

Si vous vendez des produits B2B ou si vous voulez atteindre des professionnels dans un certain secteur, LinkedIn peut être une excellente option. Les annonces peuvent être ciblées en fonction de l'industrie, du poste, du niveau d'expérience, et plus encore.

Lors de la création de publicités sur les réseaux sociaux, il est important de garder à l'esprit quelques meilleures pratiques. Tout d'abord, assurez-vous que vos publicités sont alignées avec votre marque et vos objectifs de marketing. Deuxièmement, utilisez le ciblage pour atteindre le bon public avec le bon message. Enfin, testez et optimisez vos publicités en fonction des performances pour maximiser votre retour sur investissement.

En utilisant la publicité sur les réseaux sociaux de manière stratégique, vous pouvez augmenter la visibilité de votre boutique Shopify, attirer plus de clients potentiels, et stimuler les ventes de votre boutique.

3. Conclusion

Le marketing par e-mail et le marketing sur les réseaux sociaux sont bien plus que de simples outils de promotion - ils sont des canaux de communication essentiels qui peuvent vous aider à établir une relation solide avec votre public, à augmenter la visibilité de votre boutique Shopify et à stimuler les ventes.

Le marketing par e-mail vous permet de communiquer directement avec vos clients sur une base régulière, en leur fournissant des informations pertinentes et en temps opportun sur vos produits, vos offres et votre marque. Avec une stratégie de marketing par e-mail bien pensée, vous pouvez non seulement attirer de nouveaux clients, mais aussi fidéliser les clients existants et les encourager à faire des achats répétés.

D'autre part, le marketing sur les réseaux sociaux vous offre une plateforme pour raconter l'histoire de votre marque, partager du contenu engageant et interagir avec votre public de manière plus informelle et personnelle. En utilisant les réseaux sociaux pour créer une communauté autour de votre marque, vous pouvez augmenter l'engagement, renforcer la fidélité à la marque et transformer vos abonnés en ambassadeurs de la marque.

Cependant, il est important de se rappeler que le succès dans le marketing par e-mail et sur les réseaux sociaux ne vient pas du jour au lendemain. Il nécessite une stratégie bien planifiée, une exécution cohérente, et une volonté d'expérimenter, d'apprendre et d'optimiser en fonction des performances. Mais avec du temps, de l'effort et de la persévérance, ces outils peuvent jouer un rôle clé dans la croissance de votre boutique Shopify.

En fin de compte, le marketing par e-mail et le marketing sur les réseaux sociaux sont deux pièces essentielles du puzzle du marketing numérique. En les utilisant de manière efficace et en les intégrant dans une stratégie de marketing plus large, vous pouvez créer une expérience de marque cohérente et engageante qui attire et retient les clients.

Chapitre 13 : Comment utiliser le marketing d'influence et la publicité payante pour votre boutique Shopify

Dans le monde du commerce électronique, la concurrence est féroce. Pour se démarquer et attirer des clients, il est essentiel d'utiliser des stratégies de marketing efficaces. Deux des stratégies les plus puissantes sont le marketing d'influence et la publicité payante. Dans ce chapitre, nous allons explorer comment vous pouvez utiliser ces deux stratégies pour augmenter la visibilité de votre boutique Shopify et stimuler vos ventes.

1. Section 1 : Le marketing d'influence

Le marketing d'influence est une stratégie marketing qui a pris de l'ampleur avec l'essor des réseaux sociaux. Il s'agit d'une approche qui consiste à utiliser le pouvoir de persuasion de certaines personnes, appelées influenceurs, pour promouvoir des produits ou des services.

Les influenceurs sont des individus qui ont réussi à construire une communauté de followers sur les réseaux sociaux. Ils peuvent être des créateurs de contenu, des célébrités, des sportifs, des artistes, des blogueurs, des experts dans un domaine spécifique, etc. Ils ont en commun une forte présence en ligne et la capacité d'influencer les décisions d'achat de leur communauté grâce à leur expertise, leur authenticité et leur proximité avec leur audience.

Les influenceurs ont une relation de confiance avec leur communauté. Leurs followers les respectent et valorisent leur opinion. Ils sont souvent perçus comme des leaders d'opinion et des sources d'inspiration. Par conséquent, lorsqu'un influenceur recommande un produit ou un service, ses followers sont plus susceptibles de le considérer favorablement.

Ce qui intéresse les marques dans le marketing d'influence, c'est la capacité de l'influenceur à toucher et à engager une audience spécifique. En travaillant avec des influenceurs, les marques peuvent atteindre une audience ciblée et engagée, ce qui peut conduire à une augmentation de la notoriété de la marque, de l'engagement et des ventes.

Le marketing d'influence est particulièrement efficace parce qu'il permet aux marques de contourner le scepticisme croissant des consommateurs à l'égard de la publicité traditionnelle. Les consommateurs sont de plus en plus méfiants à l'égard des publicités et sont plus susceptibles de faire confiance à une recommandation d'un influenceur qu'ils suivent et respectent.

En somme, le marketing d'influence est une stratégie puissante qui permet aux marques de se connecter avec les consommateurs d'une manière plus personnelle et authentique. En travaillant avec des influenceurs qui correspondent à leur marque et à leur public cible, les marques peuvent créer des campagnes de marketing plus efficaces et engageantes.

a. Comment mettre en place une stratégie de marketing d'influence

Avant de se lancer dans le marketing d'influence, il est crucial de définir clairement vos objectifs. C'est la première étape pour créer une stratégie de marketing d'influence efficace. Vous cherchez à augmenter la visibilité de votre marque, à augmenter vos ventes, à améliorer votre image de marque ou peut-être un mélange de tout cela ?

Si votre objectif est de développer et d'augmenter la visibilité de votre marque, le marketing d'influence peut être un excellent moyen d'y parvenir. En effet, les influenceurs ont déjà une audience engagée qui leur fait confiance. Lorsqu'ils partagent du contenu sur votre marque, cela peut aider à augmenter votre notoriété et à attirer de nouveaux clients.

De plus, le marketing d'influence peut offrir un retour sur investissement (ROI) beaucoup plus élevé que la publicité traditionnelle. Selon plusieurs acteurs du secteur, le ROI en marketing d'influence serait d'environ 7€ pour 1€ investi, ce qui est largement supérieur à d'autres pratiques comme la publicité Facebook. Cela s'explique par le fait que les recommandations d'influenceurs sont souvent perçues comme plus authentiques et crédibles que les publicités traditionnelles.

Voici quelques étapes pour mettre en place une stratégie de marketing d'influence :

i.   Définir vos objectifs

La première étape consiste à définir ce que vous voulez accomplir avec le marketing d'influence. Vos objectifs pourraient inclure l'augmentation de la notoriété de la marque, l'augmentation des ventes, l'amélioration de l'image de marque, etc.

ii.   Créer un produit/marque "instagrammable"

Votre produit ou votre marque doit être attrayant et intéressant pour être partagé sur les réseaux sociaux. Cela augmentera la probabilité que les influenceurs acceptent de travailler avec vous et que leurs followers soient intéressés par votre produit ou service.

iii.   Identifier votre public cible

Qui sont les personnes que vous essayez d'atteindre avec votre campagne de marketing d'influence ? Comprendre votre public cible vous aidera à choisir les bons influenceurs pour votre campagne.

iv.   Choisir les bons influenceurs

Tous les influenceurs ne sont pas créés égaux. Certains peuvent avoir une grande audience, mais si cette audience n'est pas pertinente pour votre marque, alors leur influence ne sera pas efficace. Il est important de choisir des influenceurs qui ont une audience qui correspond à votre public cible et qui ont une image de marque qui correspond à la vôtre.

v.   Créer une offre marketing et un brief

Définissez clairement ce que vous attendez de l'influenceur et ce que vous êtes prêt à offrir en retour. Cela pourrait inclure des détails sur le type de contenu que vous souhaitez qu'ils créent, combien de fois vous voulez qu'ils publient, etc.

vi.   Calculer le budget marketing d'influence

Combien êtes-vous prêt à dépenser pour votre campagne de marketing d'influence ? Gardez à l'esprit que certains influenceurs peuvent demander des tarifs élevés pour leur collaboration. Il est important d'établir un budget réaliste qui vous permettra d'atteindre vos objectifs sans vous ruiner.

vii.   Contacter les influenceurs

Une fois que vous avez identifié les influenceurs avec lesquels vous souhaitez travailler, vous devrez leur faire une proposition de collaboration. Cela pourrait inclure des détails sur ce que vous attendez d'eux, ce que vous êtes prêt à offrir en retour, etc.

viii.   Choisir un influenceur

Sur la base de vos discussions avec les influenceurs, choisissez celui qui correspond le mieux à vos besoins et à votre budget.

ix.   Faire un contrat avec l'influenceur

Une fois que vous avez choisi un influenceur, établissez un contrat qui détaille les attentes de chaque partie. Cela peut inclure des détails sur le type de contenu à créer, le calendrier de publication, la rémunération, etc.

x.   Suivre et mesurer les résultats

Enfin, il est important de suivre et de mesurer les résultats de votre campagne de marketing d'influence. Cela vous aidera à comprendre ce qui fonctionne, ce qui ne fonctionne pas et comment vous pouvez améliorer vos futures campagnes. Utilisez des outils d'analyse pour suivre les performances de vos campagnes et ajustez votre stratégie en conséquence.

b. Travailler avec une agence d'influenceurs

Si vous vous sentez dépassé par le processus de mise en place d'une campagne de marketing d'influence ou si vous n'avez tout simplement pas le temps de gérer tous les détails, travailler avec une agence d'influenceurs peut être une excellente option.

Une agence d'influenceurs est une entreprise spécialisée dans la mise en relation des marques avec les influenceurs appropriés. Elles disposent généralement d'un vaste réseau d'influenceurs dans divers domaines et peuvent vous aider à trouver ceux qui correspondent le mieux à votre marque et à votre public cible.

En plus de vous aider à trouver les bons influenceurs, une agence peut également vous aider à négocier les contrats. Cela peut inclure la détermination du type de contenu à créer, le nombre de publications, la rémunération de l'influenceur, etc. Les agences ont généralement une bonne compréhension des tarifs du marché et peuvent vous aider à obtenir le meilleur retour sur investissement.

Une agence peut également gérer la campagne pour vous. Cela peut inclure la coordination avec l'influenceur, le suivi des publications, la mesure des résultats et l'ajustement de la campagne en fonction des performances. Cela peut vous faire gagner beaucoup de temps et vous permettre de vous concentrer sur d'autres aspects de votre entreprise.

Enfin, une agence d'influenceurs peut également vous fournir des rapports détaillés sur les performances de votre campagne. Cela peut inclure des informations sur le nombre de vues, de likes, de partages, de commentaires, le taux d'engagement, le trafic généré vers votre site web, les ventes générées, etc. Ces informations peuvent être précieuses pour comprendre l'efficacité de votre campagne et pour planifier vos futures initiatives de marketing d'influence.

Cependant, il est important de noter que travailler avec une agence d'influenceurs peut être coûteux. Les frais d'agence s'ajoutent aux coûts de rémunération des influenceurs. Il est donc important de bien comprendre les coûts associés avant de décider de travailler avec une agence.

2. Section 2 : La publicité payante

La publicité payante, également connue sous le nom de publicité en ligne ou de marketing numérique payant, est un moyen efficace de générer du trafic vers votre boutique Shopify. Elle implique l'achat d'espaces publicitaires sur différentes plateformes en ligne pour promouvoir votre marque, vos produits ou vos services.

L'un des principaux avantages de la publicité payante est qu'elle permet d'atteindre rapidement un large public. De plus, la plupart des plateformes publicitaires offrent des options de ciblage détaillées qui vous permettent de cibler précisément votre public en fonction de divers critères tels que l'âge, le sexe, la localisation, les intérêts, le comportement d'achat, etc. Cela peut augmenter l'efficacité de vos publicités et maximiser votre retour sur investissement.

Il existe de nombreuses plateformes publicitaires que vous pouvez utiliser pour atteindre votre public cible. Chacune a ses propres avantages et inconvénients, et la meilleure pour vous dépendra de votre public cible, de vos objectifs et de votre budget. Voici quelques-unes des plateformes de publicité payante les plus populaires :

a. Facebook & Instagram Ads

Ces deux plateformes sont intégrées, ce qui signifie que vous pouvez créer des publicités qui seront diffusées sur les deux plateformes. Facebook et Instagram offrent une variété d'options de ciblage, y compris l'âge, le sexe, la localisation, les intérêts et plus encore. Vous pouvez également créer des publicités de produits dynamiques qui affichent automatiquement les produits aux personnes qui ont visité votre site web. De plus, ces plateformes offrent des formats d'annonces variés, allant des images et vidéos simples aux carrousels et stories interactives, vous permettant de captiver votre audience de manière créative.

b. Google & YouTube Ads

Google offre une variété d'options publicitaires, y compris les annonces de recherche, les annonces display, les annonces shopping et les annonces vidéo sur YouTube. Google Ads vous permet de cibler les utilisateurs en fonction de leurs recherches, de leurs intérêts, de leur localisation et plus encore. Les annonces YouTube, en particulier, peuvent être un excellent moyen de présenter vos produits de manière visuelle et engageante, en profitant de la popularité croissante du contenu vidéo.

c. Pinterest Ads

Pinterest est une plateforme visuelle où les utilisateurs découvrent de nouvelles idées et produits. Les annonces Pinterest peuvent être un excellent moyen de présenter vos produits à un public engagé. Les utilisateurs de Pinterest sont souvent à la recherche d'inspiration et sont donc plus susceptibles d'être réceptifs à de nouvelles marques et produits.

d. Snapchat Ads

Snapchat est une plateforme populaire parmi les jeunes utilisateurs. Les annonces Snapchat peuvent être un excellent moyen de toucher ce public. Snapchat offre des formats d'annonces uniques, comme les filtres sponsorisés et les stories, qui peuvent aider à augmenter la notoriété de la marque et l'engagement.

e. Simprosys Google Shopping Feed

Cette application vous aide à soumettre votre flux de produits à Google Shopping, Facebook Ads et Microsoft Ads. Elle automatise le processus de mise à jour de vos annonces de produits, en s'assurant que vos annonces sont

149

toujours à jour avec les informations les plus récentes de votre boutique Shopify.

f. Flexify : Facebook Product Feed

Cette application vous aide à synchroniser votre catalogue de produits avec Facebook pour créer des publicités de produits dynamiques. Elle facilite la gestion de vos annonces de produits sur Facebook, en vous permettant de mettre à jour automatiquement vos annonces en fonction des changements dans votre boutique Shopify.

Chaque plateforme publicitaire a ses propres avantages et inconvénients, et ce qui fonctionne le mieux pour vous dépendra de votre public cible, de votre budget et de vos objectifs publicitaires. Il est recommandé de tester différentes plateformes et types d'annonces pour voir ce qui fonctionne le mieux pour votre boutique Shopify. De plus, il est important de suivre et d'analyser les performances de vos publicités pour comprendre ce qui fonctionne et ce qui ne fonctionne pas, et pour ajuster votre stratégie en conséquence.

g. Stratégie de Publicité Payante

i. Définir vos objectifs

Avant de commencer à créer des publicités, il est important de définir ce que vous espérez accomplir. Vos objectifs pourraient être d'augmenter la notoriété de la marque, d'attirer plus de trafic vers votre site web, de générer des ventes, etc.

ii. Déterminer votre budget

La détermination de votre budget est une étape cruciale dans la mise en place de votre stratégie de publicité payante. Combien êtes-vous prêt à investir pour atteindre vos objectifs ? Il est important de noter que la publicité payante est souvent une question de test et d'apprentissage. Vous devrez peut-être ajuster votre budget en fonction des résultats que vous obtenez. Il est recommandé de commencer avec un budget modeste et de l'augmenter progressivement en fonction des performances de vos publicités.

iii. Cibler votre public

La définition de votre public cible est une autre étape importante. Qui voulez-vous atteindre avec vos publicités ? Utilisez les options de ciblage des différentes plateformes publicitaires pour atteindre votre public cible. Cela peut inclure le ciblage par âge, sexe, localisation, intérêts, comportements, et plus encore. Une bonne compréhension de votre public cible peut vous aider à créer des publicités plus pertinentes et efficaces.

iv. Créer des publicités attrayantes

La création de publicités attrayantes est essentielle pour attirer l'attention de votre public cible. Vos publicités doivent se démarquer et inciter les gens à cliquer. Utilisez des images de haute qualité, des titres accrocheurs et une copie convaincante pour attirer votre public. N'oubliez pas d'inclure un appel à l'action clair pour guider les utilisateurs vers l'étape suivante, que ce soit l'achat d'un produit, l'inscription à une newsletter, ou autre.

v. Suivre et optimiser

Une fois que vos publicités sont en cours d'exécution, il est important de suivre leurs performances et d'optimiser en conséquence. Utilisez les outils d'analyse des plateformes publicitaires pour voir quelles publicités fonctionnent le mieux. Examinez les indicateurs clés de performance tels que le coût par clic (CPC), le taux de clics (CTR), le retour sur investissement publicitaire (ROAS), et plus encore. Apportez des modifications en fonction de ces informations pour améliorer l'efficacité de vos publicités.

En combinant le marketing d'influence et la publicité payante, vous pouvez créer une stratégie de marketing puissante pour votre boutique Shopify. Ces deux stratégies peuvent se compléter et vous aider à atteindre un public plus large, à augmenter la notoriété de votre marque, et à stimuler les ventes de votre boutique Shopify.

3. Conclusion

Le marketing d'influence et la publicité payante sont deux piliers essentiels dans l'arsenal de toute stratégie de marketing digital réussie. Lorsqu'ils sont utilisés de manière efficace et stratégique, ils peuvent grandement contribuer à augmenter la visibilité de votre boutique Shopify, à attirer un public plus large et à stimuler les ventes.

Le marketing d'influence, en particulier, peut aider à établir la confiance et la crédibilité de votre marque en tirant parti de la portée et de l'influence des leaders d'opinion respectés dans votre secteur. Les influenceurs peuvent agir comme des ambassadeurs de votre marque, en présentant vos produits à leur public de manière authentique et engageante.

D'autre part, la publicité payante peut vous permettre de cibler précisément votre public idéal, en diffusant des messages publicitaires pertinents et attrayants sur les plateformes où ils passent le plus de temps. Que ce soit sur les moteurs de recherche comme Google, les réseaux sociaux comme Facebook et Instagram, ou d'autres plateformes populaires comme Pinterest et Snapchat, la publicité payante peut vous aider à atteindre vos clients potentiels là où ils sont.

Cependant, il est important de noter que ces stratégies ne sont pas une solution miracle. Elles nécessitent une planification minutieuse, une exécution soignée et une optimisation constante pour obtenir les meilleurs résultats. Il est également essentiel de suivre et d'analyser les performances de vos campagnes pour comprendre ce qui fonctionne et ce qui ne fonctionne pas, et pour apporter les ajustements nécessaires.

En fin de compte, le succès de votre boutique Shopify dépendra de votre capacité à utiliser ces outils de manière efficace pour atteindre vos objectifs de marketing. En combinant le marketing d'influence et la publicité payante, et en les adaptant à vos besoins spécifiques, vous pouvez créer une stratégie de marketing robuste qui vous aidera à convertir plus de visiteurs en clients fidèles.

Chapitre 14 : Comment fournir un excellent service client dans votre boutique Shopify

Le service client est le cœur battant de toute entreprise de commerce électronique, et les boutiques Shopify ne font pas exception à cette règle. Il représente l'ensemble des interactions que vous avez avec vos clients à chaque étape de leur parcours d'achat - avant qu'ils ne passent une commande, pendant qu'ils naviguent et font leurs achats, et bien après qu'ils aient reçu leurs produits.

Avant l'achat, le service client peut prendre la forme de réponses à des questions sur vos produits, d'aide à la navigation sur votre site, ou de conseils pour aider les clients à trouver le produit qui répond le mieux à leurs besoins. Pendant l'achat, un excellent service client peut signifier un processus de commande facile à comprendre, des options de paiement flexibles, et des réponses rapides à toutes les questions ou préoccupations qui peuvent survenir. Après l'achat, le service client continue avec le suivi des commandes, la gestion des retours et des échanges, et l'écoute des commentaires des clients pour améliorer continuellement votre offre.

Un excellent service client est plus qu'une simple courtoisie - c'est un outil puissant qui peut aider à fidéliser les clients, à augmenter les ventes et à améliorer la réputation de votre marque. Les clients qui ont des expériences positives avec votre service client sont plus susceptibles de faire des achats répétés, de recommander votre boutique à leurs amis et à leur famille, et de laisser des avis positifs qui peuvent attirer de nouveaux clients. En d'autres termes, un excellent service client peut être un moteur de croissance pour votre boutique Shopify.

1. Comprendre les attentes des clients

Dans le monde numérique d'aujourd'hui, les attentes des clients en matière de service client sont plus élevées que jamais. Les clients attendent un service qui soit non seulement rapide et efficace, mais aussi personnalisé et accessible.

La rapidité est essentielle dans le service client. Dans notre monde connecté où tout est instantané, les clients s'attendent à des réponses rapides à leurs questions et à leurs préoccupations. Que ce soit une question sur un produit, une demande de retour ou une plainte, les clients veulent une résolution rapide de leurs problèmes.

L'efficacité est également cruciale. Les clients ne veulent pas seulement des réponses rapides, ils veulent aussi des réponses qui résolvent leurs problèmes. Cela signifie que votre équipe de service client doit être bien formée et bien informée sur vos produits et vos politiques pour pouvoir fournir des réponses précises et utiles.

La personnalisation est une autre attente clé des clients. Les clients veulent se sentir valorisés et reconnus. Ils apprécient lorsque les entreprises se souviennent de leurs préférences, anticipent leurs besoins et offrent des solutions qui sont adaptées à leurs situations spécifiques.

Enfin, l'accessibilité est une attente majeure des clients d'aujourd'hui. Ils veulent pouvoir contacter votre boutique par le canal de leur choix, qu'il s'agisse de l'e-mail, du chat en direct, des réseaux sociaux ou du téléphone. De plus, ils s'attendent à ce que ces canaux soient disponibles à tout moment, car les clients d'aujourd'hui font leurs achats et ont besoin d'assistance à toutes les heures du jour et de la nuit.

En comprenant ces attentes, vous pouvez structurer votre service client de manière à répondre aux besoins de vos clients et à leur offrir une expérience positive à chaque interaction avec votre boutique Shopify.

2. Mise en place de canaux de communication efficaces

L'une des clés pour fournir un excellent service client est d'offrir des canaux de communication efficaces. Shopify offre une variété d'options pour communiquer avec vos clients, vous permettant de répondre à leurs besoins de manière flexible et pratique.

L'e-mail est un canal de communication traditionnel mais toujours efficace. Il permet une communication détaillée et peut être utilisé pour envoyer des confirmations de commande, des mises à jour sur le statut de la livraison, des réponses à des questions complexes et plus encore. Il est également pratique pour les clients qui peuvent lire et répondre à leur propre rythme.

Le chat en direct est un autre canal de communication utile. Il offre une interaction en temps réel, permettant de résoudre rapidement les problèmes et de répondre aux questions pendant que le client est encore engagé sur votre site. De plus, le chat en direct peut offrir une expérience plus personnelle, car les clients peuvent avoir une conversation en temps réel avec un représentant du service client.

Les réseaux sociaux sont également un canal de communication important. De nombreux clients utilisent déjà les réseaux sociaux dans leur vie quotidienne, ce qui en fait un moyen pratique pour eux de contacter votre boutique. Les réseaux sociaux permettent également une communication publique, ce qui peut être un avantage si vous fournissez un excellent service client.

Enfin, le téléphone reste un canal de communication précieux. Bien que de plus en plus de communications se déplacent en ligne, de nombreux clients apprécient toujours la possibilité de parler à une personne réelle au téléphone, en particulier pour des problèmes complexes ou urgents.

Lors de la mise en place de vos canaux de communication, il est important de choisir ceux qui conviennent le mieux à votre public cible. Par exemple, si votre public est plus jeune, ils peuvent préférer les réseaux sociaux ou le chat en direct. Si vous vendez des produits plus complexes, le téléphone peut être un meilleur choix. Une fois que vous avez choisi vos canaux, il est crucial de les gérer efficacement pour assurer une réponse rapide et cohérente aux demandes des clients.

3. Répondre aux demandes et aux plaintes des clients

Lorsqu'un client vous contacte avec une question ou une plainte, il est crucial de répondre de manière rapide, professionnelle et empathique. Chaque interaction avec un client est une opportunité de renforcer la relation avec lui et de montrer l'engagement de votre marque envers un excellent service.

La rapidité est essentielle. Dans notre monde connecté, les clients s'attendent à des réponses rapides. Un retard dans la réponse peut entraîner de la frustration et donner l'impression que leur problème ou leur question n'est pas pris au sérieux. C'est pourquoi il est important d'avoir des processus en place pour répondre rapidement aux demandes des clients, que ce soit par e-mail, chat en direct, réseaux sociaux ou téléphone.

La professionnalisme est également crucial. Les clients attendent des réponses précises et informatives à leurs questions et des solutions efficaces à leurs problèmes. Cela nécessite une équipe de service client bien formée qui comprend vos produits, vos politiques et vos procédures. De plus, une communication claire et respectueuse est essentielle pour maintenir le professionnalisme.

L'empathie est une autre composante clé de la réponse aux demandes et plaintes des clients. Il est important de comprendre le point de vue du client et de reconnaître les émotions qu'il peut ressentir. L'empathie peut aider à désamorcer les situations tendues et à faire sentir au client qu'il est entendu et valorisé.

Enfin, si vous ne pouvez pas résoudre le problème du client immédiatement, il est important de suivre le problème et de tenir le client informé de l'évolution de la situation. Cela peut impliquer de communiquer avec d'autres membres de votre équipe, de contacter le fournisseur ou de faire des recherches supplémentaires. Le suivi montre au client que vous prenez son problème au sérieux et que vous êtes engagé à trouver une solution.

En répondant aux demandes et aux plaintes des clients de manière rapide, professionnelle et empathique, vous pouvez transformer une situation potentiellement négative en une expérience positive qui renforce la relation avec le client.

4. Gestion des retours et des remboursements

La gestion des retours et des remboursements est une partie essentielle du service client dans le commerce électronique. Les clients apprécient la flexibilité et la commodité de pouvoir retourner ou échanger des produits qui ne répondent pas à leurs attentes. De plus, une politique de retour généreuse peut être un facteur déterminant pour les clients lorsqu'ils décident où faire leurs achats.

Shopify facilite la gestion des retours et des remboursements en offrant des outils intégrés pour gérer ces processus. Vous pouvez créer des politiques de retour claires et détaillées qui sont facilement accessibles pour vos clients. Ces politiques peuvent inclure des informations sur la durée pendant laquelle les retours sont acceptés, les conditions que les produits doivent remplir pour être retournés, et comment les clients peuvent initier un retour.

En plus de créer des politiques de retour, Shopify vous permet de gérer les remboursements directement depuis votre tableau de bord. Vous pouvez émettre des remboursements complets ou partiels, selon la situation. Lorsque vous émettez un remboursement, vous pouvez également choisir de restituer les frais d'expédition, ce qui peut être un geste de bonne volonté envers le client.

Il est important de noter que la gestion efficace des retours et des remboursements nécessite également une excellente communication avec le client. Les clients doivent être informés de l'état de leur retour ou de leur remboursement, et toute question ou préoccupation doit être adressée rapidement et professionnellement.

En fin de compte, une gestion efficace des retours et des remboursements peut non seulement résoudre les problèmes des clients, mais aussi renforcer leur confiance en votre marque et leur fidélité à long terme. Une politique de retour généreuse et une gestion efficace des remboursements peuvent transformer une expérience négative en une expérience positive, encourageant les clients à continuer à faire leurs achats dans votre boutique Shopify.

5. Personnalisation de l'expérience client

La personnalisation est un outil puissant pour améliorer l'expérience client et renforcer la fidélité à la marque. En adaptant l'expérience d'achat à chaque client individuel, vous pouvez non seulement répondre à leurs besoins spécifiques, mais aussi leur faire sentir qu'ils sont appréciés et valorisés.

L'une des façons de personnaliser l'expérience client est de personnaliser vos communications. Cela peut signifier l'utilisation du nom du client dans les e-mails, la personnalisation des newsletters en fonction des intérêts du client, ou l'envoi de messages ciblés basés sur le comportement d'achat du client. Par exemple, si un client a récemment acheté un certain type de produit, vous pourriez lui envoyer des e-mails présentant des produits similaires ou complémentaires.

Une autre façon de personnaliser l'expérience est de recommander des produits basés sur les préférences et le comportement d'achat du client. Shopify offre des outils qui vous permettent de montrer aux clients des recommandations de produits basées sur ce qu'ils ont déjà regardé ou acheté. Cela peut non seulement aider les clients à découvrir de nouveaux produits qu'ils aimeront, mais aussi augmenter la taille moyenne des commandes.

Enfin, vous pouvez personnaliser l'expérience client en offrant des promotions spéciales qui sont pertinentes pour chaque client. Par exemple, vous pourriez offrir une remise sur un produit que le client a souvent acheté, ou offrir une livraison gratuite à un client qui a dépensé un certain montant dans votre boutique.

La personnalisation de l'expérience client peut nécessiter un investissement en temps et en ressources pour collecter et analyser les données des clients. Cependant, les avantages en termes d'amélioration de l'expérience client, d'augmentation de la fidélité à la marque et d'augmentation des ventes peuvent largement compenser cet investissement.

6. Construction de la fidélité des clients

La construction de la fidélité des clients est un aspect essentiel de la gestion d'une boutique Shopify réussie. Un client fidèle est plus susceptible de faire des achats répétés, de recommander votre boutique à d'autres et de contribuer à la croissance à long terme de votre entreprise. Un excellent service client est l'un des moyens les plus efficaces de construire cette fidélité.

Un excellent service client va au-delà de la simple résolution des problèmes - il s'agit de créer une expérience positive pour le client à chaque interaction. Cela peut signifier répondre rapidement aux questions, aller au-delà pour résoudre les problèmes, ou même surprendre et ravir les clients avec des gestes inattendus. Lorsque les clients se sentent appréciés et bien traités, ils sont plus susceptibles de rester fidèles à votre boutique.

Les programmes de fidélité sont un autre outil efficace pour construire la fidélité des clients. Ces programmes peuvent récompenser les clients pour leurs achats répétés en offrant des remises, des cadeaux, des points de fidélité ou d'autres avantages. Shopify offre des outils qui vous permettent de mettre en place et de gérer facilement des programmes de fidélité.

Les offres spéciales peuvent également encourager la fidélité des clients. Cela peut signifier offrir des remises exclusives aux clients fidèles, donner accès à des produits ou des services spéciaux, ou offrir des avantages tels que la livraison gratuite. Ces offres spéciales peuvent donner aux clients une raison supplémentaire de continuer à faire leurs achats dans votre boutique.

En fin de compte, la construction de la fidélité des clients est un processus continu qui nécessite un engagement envers un excellent service client, des offres et des programmes qui récompensent les clients pour leur fidélité, et une volonté d'écouter et de répondre aux besoins et aux préférences des clients.

7. Mesure de la satisfaction des clients

La mesure de la satisfaction des clients est une étape essentielle pour comprendre l'efficacité de vos efforts de service client et pour identifier les domaines qui peuvent nécessiter une amélioration. Il existe plusieurs méthodes pour mesurer la satisfaction des clients, chacune offrant des perspectives uniques sur l'expérience client.

Les enquêtes de satisfaction des clients sont un outil précieux pour recueillir des informations directement auprès de vos clients. Ces enquêtes peuvent être aussi simples ou aussi détaillées que nécessaire, couvrant des aspects tels que la qualité du service client, la facilité d'utilisation du site web, la qualité des produits, et plus encore. Les enquêtes peuvent être envoyées après chaque interaction de service client, ou à intervalles réguliers pour suivre l'évolution de la satisfaction des clients au fil du temps.

Les commentaires sur les produits sont une autre source précieuse d'informations sur la satisfaction des clients. En examinant les commentaires laissés par les clients sur vos produits, vous pouvez obtenir des informations sur ce qui fonctionne bien et ce qui pourrait nécessiter une amélioration. Les commentaires positifs peuvent indiquer les points forts de votre boutique, tandis que les commentaires négatifs peuvent révéler des domaines d'amélioration potentiels.

D'autres outils de mesure de la satisfaction des clients peuvent inclure l'analyse des comportements des clients sur votre site, comme le temps passé sur le site, le taux de rebond, et le taux de conversion. Ces mesures peuvent donner des indications sur l'expérience globale des clients lorsqu'ils naviguent et font des achats dans votre boutique.

Il est important de noter que la mesure de la satisfaction des clients ne doit pas être une activité ponctuelle, mais plutôt un processus continu. En mesurant régulièrement la satisfaction des clients, vous pouvez suivre les progrès au fil du temps, identifier rapidement les problèmes et prendre des mesures pour améliorer l'expérience client.

8. Études de cas de boutiques Shopify à succès avec un excellent service client

L'examen des pratiques exemplaires d'autres boutiques Shopify peut fournir des idées précieuses et des stratégies efficaces pour améliorer votre propre service client. Voici quelques exemples de boutiques Shopify qui ont réussi à offrir un excellent service client.

a. Allbirds

Allbirds est une marque de chaussures connue pour son engagement envers le confort et la durabilité. Mais ce qui distingue vraiment Allbirds, c'est son dévouement à un service client exceptionnel. Allbirds offre une politique de retour généreuse de 30 jours, pendant laquelle les clients peuvent retourner leurs chaussures pour quelque raison que ce soit, même si elles ont été portées. De plus, l'équipe de service client d'Allbirds est connue pour sa réponse rapide et utile aux questions et préoccupations des clients.

b. Gymshark

Gymshark est une marque de vêtements de sport qui a connu une croissance rapide grâce à sa présence en ligne. Gymshark a mis en place un service client efficace qui comprend un chat en direct sur son site web, permettant aux clients de recevoir des réponses instantanées à leurs questions. De plus, Gymshark utilise les réseaux sociaux pour interagir avec ses clients, offrant un autre canal pour le service client.

c. BlenderBottle

BlenderBottle est une entreprise qui vend des shakers de protéines et des accessoires de fitness. BlenderBottle a mis l'accent sur la fourniture d'un service client de haute qualité, avec une équipe de service client dédiée qui est disponible par téléphone, e-mail et chat en direct. BlenderBottle offre également une garantie à vie sur ses produits, montrant son engagement envers la satisfaction des clients.

Ces études de cas montrent comment différentes entreprises ont utilisé les outils et les stratégies à leur disposition pour fournir un excellent service client. En examinant ces exemples, vous pouvez trouver des idées et des inspirations pour améliorer votre propre service client dans votre boutique Shopify.

9. Conclusion

Fournir un excellent service client dans votre boutique Shopify peut sembler une tâche ardue, mais c'est un investissement qui peut rapporter des dividendes considérables en termes de fidélité des clients et de croissance des ventes. Avec les bonnes stratégies, les outils appropriés et une volonté d'écouter et de répondre aux besoins de vos clients, vous pouvez créer une expérience client exceptionnelle qui distingue votre boutique des autres.

Un excellent service client commence par une compréhension approfondie des attentes de vos clients. Dans le monde numérique d'aujourd'hui, les clients s'attendent à un service rapide, efficace, personnalisé et accessible. En répondant à ces attentes, vous pouvez non seulement résoudre les problèmes des clients, mais aussi créer une expérience positive qui renforce leur relation avec votre marque.

L'utilisation efficace des canaux de communication est également essentielle pour un excellent service client. Que ce soit par e-mail, chat en direct, réseaux sociaux ou téléphone, chaque canal offre des opportunités uniques pour interagir avec vos clients et répondre à leurs besoins.

La gestion des retours et des remboursements, la personnalisation de l'expérience client, la construction de la fidélité des clients et la mesure de la satisfaction des clients sont d'autres aspects clés d'un excellent service client. Chacun de ces éléments contribue à créer une expérience client globale qui encourage les clients à revenir dans votre boutique.

Enfin, il est important de se rappeler que l'excellence du service client n'est pas une destination, mais un voyage. Il s'agit d'un processus d'amélioration constante, où vous écoutez les commentaires des clients, apprenez de vos erreurs et cherchez constamment des moyens de faire mieux. Avec cet état d'esprit, vous pouvez transformer votre service client en un avantage concurrentiel puissant pour votre boutique Shopify.

Chapitre 15 : Comment gérer les retours, les remboursements et les avis des clients dans votre boutique Shopify

La gestion des retours, des remboursements et des avis des clients est une partie essentielle de la gestion d'une boutique en ligne. Ces éléments ne sont pas seulement des aspects administratifs de votre entreprise, mais ils sont aussi des points de contact importants avec vos clients qui peuvent avoir un impact significatif sur leur expérience d'achat.

Les retours et les remboursements sont souvent vus comme une partie négative de l'exploitation d'une entreprise de commerce électronique, mais ils peuvent aussi être une occasion de montrer à vos clients à quel point vous vous souciez de leur satisfaction. Une politique de retour facile et transparente peut aider à renforcer la confiance des clients dans votre boutique et les encourager à faire des achats en sachant qu'ils peuvent retourner les articles s'ils ne sont pas satisfaits.

De même, les avis des clients sont une ressource précieuse pour toute boutique en ligne. Ils fournissent un retour d'information direct sur vos produits et services, vous permettant d'identifier les domaines où vous excellez et ceux qui pourraient nécessiter une amélioration. De plus, les avis positifs peuvent servir d'outil de marketing puissant, en fournissant une preuve sociale qui peut encourager d'autres clients potentiels à faire un achat.

Cependant, la gestion des retours, des remboursements et des avis des clients peut être un défi, surtout si vous gérez une grande quantité de commandes. Heureusement, Shopify offre une gamme d'outils et de fonctionnalités qui peuvent faciliter ces processus.

Dans ce chapitre, nous allons explorer en détail comment vous pouvez gérer efficacement les retours, les remboursements et les avis des clients dans votre boutique Shopify. Nous aborderons les meilleures pratiques pour la mise en place de politiques de retour, la gestion des processus de retour et de remboursement, la collecte et la gestion des avis des clients, et bien plus encore. Que vous soyez un nouveau propriétaire de boutique ou que vous cherchiez à améliorer vos processus existants, ce chapitre vous fournira les informations dont vous avez besoin pour gérer ces aspects importants de votre entreprise de manière efficace et efficiente.

1. Gestion des retours et des remboursements

a. Politique de retour

La première étape pour gérer les retours est de mettre en place une politique de retour claire et transparente. Cette politique est plus qu'un simple document légal, c'est une communication directe entre vous et vos clients qui définit leurs droits et vos obligations en matière de retours.

Une politique de retour bien conçue doit être facilement accessible sur votre site web. Vous pouvez la placer dans votre pied de page ou dans le menu principal, ou même inclure un lien vers elle dans vos descriptions de produits et vos e-mails de confirmation de commande. L'objectif est de s'assurer que vos clients peuvent la trouver facilement à tout moment, qu'ils soient en train de faire un achat ou qu'ils envisagent de retourner un article.

Votre politique de retour doit détailler les conditions dans lesquelles un produit peut être retourné. Cela peut inclure des informations sur le type de produits qui peuvent être retournés (par exemple, certains produits comme les sous-vêtements ou les produits personnalisés peuvent ne pas être éligibles pour le retour), l'état dans lequel les produits doivent être pour être retournés (par exemple, non utilisés, dans leur emballage d'origine, etc.), et toute autre condition spécifique à votre boutique.

Le processus de retour doit également être clairement expliqué dans votre politique. Cela peut inclure des instructions sur la manière de demander un retour, la façon dont les produits doivent être emballés pour le retour, et les informations sur l'expédition de retour, comme l'adresse de retour et qui est responsable des frais d'expédition de retour.

Enfin, votre politique de retour doit préciser les délais de retour. Il est courant d'offrir un délai de 30 jours pour les retours, mais vous pouvez choisir de prolonger ou de raccourcir ce délai en fonction de votre modèle d'entreprise et de vos produits.

Une politique de retour claire et transparente peut aider à prévenir les malentendus et les conflits avec vos clients, et peut également renforcer la confiance des clients dans votre boutique. En prenant le temps de rédiger une politique de retour détaillée et facile à comprendre, vous pouvez faciliter le processus de retour pour vous et vos clients.

b. Processus de retour dans Shopify

Shopify offre des outils intégrés pour gérer les retours, ce qui facilite le suivi et la gestion de ces transactions pour les propriétaires de boutiques. Ces outils sont conçus pour être intuitifs et faciles à utiliser, même pour ceux qui sont nouveaux dans la gestion d'une boutique en ligne.

Pour commencer le processus de retour dans Shopify, vous devez d'abord accéder à l'interface d'administration de votre boutique. Ici, vous trouverez une liste de toutes les commandes passées dans votre boutique. Vous pouvez rechercher la commande spécifique que vous souhaitez retourner en utilisant le numéro de commande, le nom du client, ou d'autres détails pertinents.

Une fois que vous avez trouvé la commande, vous pouvez commencer le processus de retour en cliquant sur "Créer un retour". Cela ouvrira une nouvelle page où vous pourrez entrer les détails du retour.

Lors de la création d'un retour, vous devrez spécifier quels articles sont retournés. Shopify vous permet de sélectionner les articles spécifiques de la commande qui sont retournés, ce qui est particulièrement utile si seulement une partie de la commande est retournée. Vous pouvez également spécifier la quantité de chaque article qui est retourné si le client a commandé plusieurs unités du même produit.

En plus des articles retournés, vous devrez également fournir une raison pour le retour. Shopify offre une liste de raisons de retour courantes que vous pouvez choisir, comme "article défectueux" ou "mauvais article envoyé". Vous pouvez également entrer votre propre raison si aucune des options prédéfinies ne correspond à la situation.

Le processus de retour dans Shopify est conçu pour être aussi simple et efficace que possible, ce qui vous permet de gérer les retours rapidement et de minimiser les perturbations pour votre entreprise. En utilisant ces outils, vous pouvez assurer que vos clients reçoivent un service de retour de haute qualité, ce qui peut contribuer à leur satisfaction globale et à leur fidélité à votre marque.

c. Remboursements

En plus des retours, la gestion des remboursements est une autre partie essentielle de la gestion de votre boutique en ligne. Les remboursements peuvent être nécessaires pour une variété de raisons, que ce soit à cause d'un produit défectueux, d'une erreur de commande, ou simplement d'un client qui a changé d'avis. Quelle que soit la raison, il est important de gérer les remboursements de manière efficace et professionnelle pour maintenir la satisfaction des clients.

Dans Shopify, le processus de remboursement est conçu pour être aussi simple que possible. Pour commencer, vous devez accéder à l'interface d'administration de votre boutique et trouver la commande spécifique que vous souhaitez rembourser. Cela peut être fait en utilisant le numéro de commande, le nom du client, ou d'autres détails pertinents.

Une fois que vous avez trouvé la commande, vous pouvez commencer le processus de remboursement en cliquant sur "Rembourser". Cela ouvrira une nouvelle page où vous pourrez entrer les détails du remboursement.

Lors de la création d'un remboursement, vous devrez entrer le montant que vous souhaitez rembourser. Shopify vous permet de rembourser le montant total de la commande, ou vous pouvez choisir de rembourser seulement une partie de la commande si cela est plus approprié. Par exemple, si seulement un article d'une commande multi-articles est retourné, vous pouvez choisir de rembourser seulement le coût de cet article.

En plus du montant du remboursement, vous devrez également fournir une raison pour le remboursement. Comme pour les retours, Shopify offre une liste de raisons de remboursement courantes que vous pouvez choisir, ou vous pouvez entrer votre propre raison.

Enfin, lors de la création d'un remboursement, vous avez également la possibilité de restocker les articles retournés et de notifier le client par e-mail du remboursement. Le restockage des articles ajoute automatiquement les articles retournés à votre inventaire, ce qui peut vous aider à maintenir des niveaux d'inventaire précis. La notification par e-mail informe le client que le remboursement a été effectué, ce qui peut aider à maintenir une bonne communication avec le client et à renforcer leur confiance dans votre boutique.

En gérant les remboursements de manière efficace et professionnelle, vous pouvez non seulement assurer la satisfaction des clients, mais aussi maintenir une gestion financière précise pour votre boutique.

2. Gestion des avis des clients

a. Collecte des avis

La collecte des avis des clients est une étape cruciale pour comprendre l'expérience de vos clients et pour améliorer vos produits et services. Les avis des clients vous donnent un aperçu direct de ce que vos clients pensent de vos produits, ce qui peut vous aider à identifier les points forts et les domaines d'amélioration.

Shopify comprend l'importance des avis des clients et propose donc une application de revues de produits intégrée. Cette application vous permet de collecter et de gérer les avis sur vos produits directement depuis votre interface d'administration Shopify.

L'application de revues de produits de Shopify est conçue pour être facile à utiliser. Elle s'intègre directement à votre boutique et ajoute automatiquement une section d'avis à chaque page de produit. Les clients peuvent laisser un avis en remplissant un simple formulaire sur la page du produit.

En plus de recueillir les avis, l'application vous permet également de modérer les avis. Cela signifie que vous pouvez examiner chaque avis avant qu'il ne soit publié sur votre site, ce qui vous donne la possibilité de répondre aux préoccupations des clients ou de refuser les avis qui ne respectent pas vos directives.

L'application offre également des options pour personnaliser l'apparence des avis sur votre site. Vous pouvez choisir la couleur, la taille et le style des étoiles de notation, et vous pouvez également ajouter des images ou des vidéos aux avis.

En utilisant l'application de revues de produits de Shopify, vous pouvez non seulement recueillir des avis précieux de vos clients, mais aussi créer une expérience d'avis qui correspond à votre marque et à votre boutique. Les avis des clients peuvent être un outil de marketing puissant, et en les intégrant de manière professionnelle et attrayante à votre site, vous pouvez encourager plus de clients à laisser des avis et à partager leurs expériences.

b. Gestion des avis

Une fois que vous avez commencé à collecter des avis, il est important de les gérer efficacement. La gestion des avis ne se limite pas à leur collecte, mais comprend également leur analyse, leur réponse et leur utilisation pour améliorer votre boutique.

La première étape de la gestion des avis est de les lire et de les comprendre. Cela peut sembler évident, mais il est essentiel de prendre le temps de lire attentivement chaque avis et de comprendre ce que le client a aimé ou n'a pas aimé. Cela peut vous donner des indications précieuses sur les points forts de vos produits et les domaines qui pourraient nécessiter une amélioration.

La réponse aux avis est également une partie importante de leur gestion. Que l'avis soit positif ou négatif, il est toujours bon de répondre. Pour les avis positifs, un simple remerciement peut suffire à montrer au client que vous appréciez son soutien. Pour les avis négatifs, une réponse bien pensée peut montrer au client que vous prenez ses préoccupations au sérieux et que vous êtes déterminé à résoudre le problème. Dans tous les cas, une réponse montre que vous êtes attentif aux commentaires de vos clients et que vous vous souciez de leur expérience.

Enfin, il est important d'utiliser les avis pour améliorer votre boutique. Les avis des clients peuvent vous donner un aperçu direct de ce qui fonctionne et de ce qui ne fonctionne pas dans votre boutique. En prenant en compte ces commentaires, vous pouvez apporter des modifications à vos produits, à votre service client, à votre site web, et à d'autres aspects de votre boutique pour améliorer l'expérience globale de vos clients.

La gestion efficace des avis peut non seulement améliorer la satisfaction des clients, mais aussi renforcer la réputation de votre boutique et augmenter vos ventes. En prenant le temps de gérer correctement les avis, vous pouvez tirer le meilleur parti de cette précieuse ressource.

c. Importation et exportation des avis

L'application de revues de produits de Shopify offre également la possibilité d'importer et d'exporter des avis de produits. Ces fonctionnalités peuvent être extrêmement utiles dans diverses situations, que vous migriez à partir d'un autre service d'avis, que vous souhaitiez analyser vos avis en dehors de Shopify, ou que vous cherchiez à sauvegarder vos avis pour des raisons de sécurité ou de conformité.

i. *Importation des avis*

Si vous migrez à partir d'un autre service d'avis ou si vous avez recueilli des avis par d'autres moyens, l'importation des avis peut vous aider à intégrer ces avis dans votre boutique Shopify. L'application de revues de produits de Shopify permet d'importer des avis à partir d'un fichier CSV, ce qui signifie que vous pouvez facilement transférer des avis à partir de la plupart des autres plateformes ou formats de données.

Lors de l'importation des avis, il est important de s'assurer que vos données sont formatées correctement pour être compatibles avec l'application de revues de produits de Shopify. Cela peut inclure des informations telles que le nom du produit, l'identifiant du produit, le nom du client, la note de l'avis, le titre de l'avis, le texte de l'avis, et la date de l'avis.

ii. *Exportation des avis*

De même, l'exportation des avis peut être utile si vous souhaitez analyser vos avis en dehors de Shopify, si vous souhaitez sauvegarder vos avis, ou si vous prévoyez de migrer vers une autre plateforme. L'application de revues de produits de Shopify permet d'exporter vos avis dans un fichier CSV, ce qui vous permet de les utiliser dans une variété d'autres applications ou plateformes.

Lors de l'exportation des avis, vous pouvez choisir d'exporter tous vos avis ou seulement une sélection d'avis. Par exemple, vous pouvez choisir d'exporter seulement les avis pour un certain produit, seulement les avis avec une certaine note, ou seulement les avis d'une certaine période.

En utilisant les fonctionnalités d'importation et d'exportation de l'application de revues de produits de Shopify, vous pouvez gérer vos avis de manière plus flexible et efficace, et vous assurer que vous pouvez toujours accéder et utiliser vos avis, quel que soit le contexte.

3. Conclusion

La gestion efficace des retours, des remboursements et des avis des clients est une composante essentielle pour le succès de votre boutique Shopify. Ces aspects, bien que parfois considérés comme secondaires par rapport à la vente de produits, sont en réalité des éléments clés qui contribuent à la satisfaction globale des clients et à la réputation de votre boutique.

En utilisant les outils intégrés de Shopify, vous pouvez simplifier et automatiser de nombreux aspects de la gestion des retours et des remboursements. Ces outils vous permettent de traiter les demandes de retour de manière ordonnée, de rembourser les clients rapidement et de restocker les articles retournés dans votre inventaire, tout cela directement depuis l'interface d'administration de Shopify.

De même, l'application de revues de produits de Shopify vous offre une plateforme pour recueillir, gérer, et répondre aux avis des clients. Ces avis sont une mine d'informations précieuses qui peuvent vous aider à comprendre les besoins et les préférences de vos clients, à améliorer vos produits et services, et à renforcer la confiance des clients dans votre boutique.

En mettant en place des politiques claires pour les retours et les remboursements, vous pouvez également aider à prévenir les malentendus et à renforcer la confiance des clients. Une politique de retour transparente et une procédure de remboursement rapide peuvent faire une grande différence dans l'expérience d'achat d'un client et peuvent même transformer une expérience négative en une expérience positive.

En fin de compte, la gestion efficace des retours, des remboursements et des avis des clients est une question de service à la clientèle. En mettant l'accent sur la satisfaction des clients et en faisant tout votre possible pour résoudre les problèmes et répondre aux préoccupations, vous pouvez non seulement assurer une expérience positive pour vos clients, mais aussi améliorer continuellement votre boutique et augmenter vos chances de succès à long terme.

Chapitre 16 : Comment augmenter la valeur moyenne des commandes et le taux de conversion dans votre boutique Shopify

Dans le monde du commerce électronique, deux indicateurs clés jouent un rôle crucial dans la maximisation des revenus de votre boutique Shopify : la valeur moyenne des commandes (Average Order Value, AOV) et le taux de conversion. L'AOV est le montant moyen dépensé par les clients chaque fois qu'ils passent une commande dans votre boutique. Augmenter l'AOV signifie augmenter le montant que chaque client dépense en moyenne, ce qui peut avoir un impact significatif sur vos revenus globaux.

D'autre part, le taux de conversion est le pourcentage de visiteurs de votre boutique qui effectuent un achat. Un taux de conversion plus élevé signifie que vous êtes plus efficace pour convaincre les visiteurs de votre site de passer à l'action et de devenir des clients payants. C'est un indicateur clé de l'efficacité de votre stratégie de marketing et de vente.

Ces deux indicateurs sont étroitement liés à votre rentabilité globale. En encourageant les clients à acheter plus d'articles à chaque commande et en convertissant un plus grand nombre de visiteurs en clients, vous pouvez augmenter vos revenus sans avoir à attirer plus de trafic sur votre site. C'est une stratégie plus rentable et plus durable à long terme.

Cependant, l'augmentation de l'AOV et du taux de conversion n'est pas une tâche facile. Elle nécessite une compréhension approfondie de votre clientèle, une stratégie de marketing et de vente bien conçue, et une exécution impeccable. Dans les sections suivantes, nous allons explorer plusieurs stratégies que vous pouvez mettre en œuvre pour augmenter la valeur moyenne des commandes et le taux de conversion dans votre boutique Shopify.

1. Augmenter la valeur moyenne des commandes

a. Offrir des remises sur les achats en volume

L'incitation à l'achat en volume est une stratégie éprouvée pour augmenter la valeur moyenne des commandes. En offrant des remises sur les achats en volume, vous encouragez les clients à acheter plus d'articles à chaque fois qu'ils passent une commande, augmentant ainsi le montant total de la vente.

Par exemple, vous pouvez mettre en place une structure de remise progressive où l'achat de deux articles donne droit à une remise de 10%, et l'achat de trois articles ou plus donne droit à une remise de 20%. Cela crée un sentiment d'urgence et de valeur pour le client, les incitant à acheter plus pour économiser plus.

De plus, cette stratégie peut être particulièrement efficace si vous vendez des produits qui sont souvent achetés ensemble ou qui sont nécessaires en plusieurs exemplaires. Par exemple, si vous vendez des produits de beauté, vous pouvez offrir une remise sur l'achat de plusieurs produits de la même gamme. Ou si vous vendez des fournitures de bureau, vous pouvez offrir une remise sur l'achat de plusieurs unités du même article.

Il est important de noter que cette stratégie doit être mise en œuvre de manière réfléchie. Vous devez vous assurer que vous offrez des remises sur des produits qui ont une marge suffisante pour absorber la remise sans nuire à votre rentabilité. De plus, vous devez communiquer clairement les détails de l'offre à vos clients pour éviter toute confusion.

En fin de compte, l'offre de remises sur les achats en volume est une stratégie gagnant-gagnant. Elle permet aux clients de sentir qu'ils obtiennent une bonne affaire tout en augmentant la valeur moyenne des commandes pour votre entreprise.

b. Proposer des ventes incitatives et des ventes croisées

Les ventes incitatives et les ventes croisées sont des techniques de marketing puissantes qui peuvent augmenter considérablement la valeur moyenne des commandes dans votre boutique Shopify. Elles permettent non seulement d'augmenter le montant de chaque vente, mais aussi d'améliorer l'expérience d'achat du client en leur proposant des produits qui ajoutent de la valeur à leur achat initial.

i. Ventes incitatives

Les ventes incitatives consistent à encourager les clients à acheter une version plus chère ou plus haut de gamme d'un produit qu'ils ont déjà choisi. Par exemple, si un client est intéressé par un ordinateur portable de base, vous pouvez lui suggérer un modèle plus avancé qui offre de meilleures performances ou des fonctionnalités supplémentaires. L'idée est de montrer au client comment une dépense légèrement plus élevée peut leur apporter une valeur significativement plus grande.

Il est important de faire preuve de tact lors de la proposition de ventes incitatives. Les clients ne doivent pas avoir l'impression qu'on leur force la main, mais plutôt qu'on leur propose une option qui pourrait mieux répondre à leurs besoins. Il est également crucial de proposer des produits qui sont réellement pertinents pour le client et qui ajoutent de la valeur à leur achat.

ii. Ventes croisées

Les ventes croisées, quant à elles, consistent à encourager les clients à acheter des produits complémentaires à ceux qu'ils ont déjà choisis. Par exemple, si un client achète une robe, vous pouvez lui suggérer d'acheter également des chaussures assorties ou un sac à main qui complète sa tenue. Les ventes croisées peuvent aider à augmenter la valeur moyenne des commandes en incitant les clients à faire des achats supplémentaires qu'ils n'avaient pas initialement prévus.

Comme pour les ventes incitatives, les ventes croisées doivent être réalisées de manière réfléchie. Les produits suggérés doivent être pertinents et ajouter de la valeur à l'achat initial du client. De plus, il est important de ne pas submerger le client avec trop de suggestions, car cela pourrait rendre le processus d'achat trop complexe et dissuader le client de finaliser son achat.

En combinant les ventes incitatives et les ventes croisées de manière stratégique, vous pouvez augmenter la valeur moyenne des commandes tout en améliorant l'expérience d'achat de vos clients.

c. Offrir la livraison gratuite pour les commandes d'un certain montant

L'une des stratégies les plus efficaces pour augmenter la valeur moyenne des commandes est d'offrir la livraison gratuite pour les commandes atteignant un certain seuil. Les frais de livraison sont souvent un facteur déterminant dans la décision d'achat d'un client. En fait, des études ont montré que des frais de livraison élevés sont l'une des principales raisons pour lesquelles les clients abandonnent leur panier. En offrant la livraison gratuite, vous pouvez non seulement encourager les clients à finaliser leur achat, mais aussi à ajouter plus d'articles à leur panier pour atteindre le seuil de livraison gratuite.

Par exemple, si vous fixez le seuil de livraison gratuite à 50 euros, un client qui a déjà ajouté des articles pour un total de 40 euros à son panier pourrait être incité à chercher et à ajouter un autre article de 10 euros pour bénéficier de la livraison gratuite. Cela augmente non seulement la valeur de la commande actuelle, mais peut aussi introduire le client à un autre produit qu'il pourrait acheter à nouveau à l'avenir.

Il est important de noter que cette stratégie doit être mise en œuvre de manière réfléchie. Le seuil de livraison gratuite doit être fixé à un niveau qui encourage les clients à ajouter plus d'articles à leur panier, mais qui n'est pas si élevé qu'il dissuade les achats. De plus, vous devez vous assurer que vous pouvez vous permettre d'offrir la livraison gratuite sans nuire à votre rentabilité.

En fin de compte, l'offre de livraison gratuite pour les commandes d'un certain montant est une stratégie gagnant-gagnant qui peut augmenter la valeur moyenne des commandes tout en améliorant la satisfaction des clients.

2. Augmenter le taux de conversion

a. Optimiser la page de produit

L'optimisation de la page de produit est une étape cruciale pour augmenter le taux de conversion. C'est souvent le point de décision pour les clients, où ils évaluent les informations disponibles et décident d'ajouter le produit à leur panier ou de chercher ailleurs. Voici quelques éléments clés à considérer pour optimiser vos pages de produits.

i. *Utilisation de photos de haute qualité*

Les photos de produits sont l'un des premiers éléments que les clients voient lorsqu'ils arrivent sur une page de produit. Des photos de haute qualité peuvent aider à créer une première impression positive et à donner aux clients une bonne idée de ce à quoi ressemble le produit. Il est recommandé d'inclure plusieurs photos sous différents angles et, si possible, des photos du produit en utilisation. Cela permet aux clients de visualiser le produit dans différents contextes et de comprendre comment il pourrait s'intégrer dans leur vie quotidienne.

ii. *Rédaction de descriptions de produits détaillées et convaincantes*

Les descriptions de produits jouent un rôle crucial dans la fourniture d'informations aux clients sur les caractéristiques et les avantages du produit. Une bonne description de produit doit être à la fois informative et convaincante. Elle doit mettre en évidence les caractéristiques clés du produit, expliquer comment il résout un problème ou répond à un besoin du client, et inclure des mots et des phrases qui suscitent l'émotion et l'excitation. Il est également important d'utiliser un langage clair et simple pour faciliter la compréhension du client.

iii. *Mise en évidence des avantages du produit*

En plus de décrire les caractéristiques du produit, il est important de mettre en évidence les avantages du produit pour le client. Cela peut inclure des éléments tels que la durabilité du produit, son efficacité, ou comment il peut améliorer la vie du client. Mettre en évidence ces avantages peut aider à convaincre les clients de la valeur du produit et les inciter à faire un achat.

iv. Rendre le bouton "Ajouter au panier" bien visible et facile à cliquer

Enfin, le bouton "Ajouter au panier" est l'un des éléments les plus importants de la page de produit. Il doit être bien visible et facile à cliquer. Un bouton "Ajouter au panier" qui est difficile à trouver ou à cliquer peut frustrer les clients et les dissuader de faire un achat. Il est recommandé d'utiliser une couleur contrastante pour le bouton "Ajouter au panier" pour le faire ressortir et d'utiliser une taille de bouton suffisamment grande pour être facilement cliquable.

En optimisant ces éléments de la page de produit, vous pouvez créer une expérience d'achat plus agréable pour vos clients et augmenter le taux de conversion de votre boutique Shopify.

b. Simplifier le processus de paiement

Un processus de paiement fluide et sans friction est essentiel pour convertir les visiteurs en clients. Si le processus est trop compliqué ou prend trop de temps, les clients peuvent abandonner leur panier et aller ailleurs. Voici quelques stratégies pour simplifier le processus de paiement et augmenter le taux de conversion.

i. Offrir plusieurs options de paiement

Les clients apprécient la flexibilité lorsqu'il s'agit de payer leurs achats. En offrant plusieurs options de paiement, vous pouvez accueillir une plus grande variété de clients, y compris ceux qui préfèrent les paiements par carte de crédit, les paiements par débit, les paiements par PayPal, ou même les paiements par virement bancaire. Assurez-vous également de sécuriser toutes les transactions pour protéger les informations financières de vos clients et renforcer leur confiance dans votre boutique.

Réduire le nombre de pages ou d'étapes

Chaque étape supplémentaire dans le processus de paiement offre aux clients une chance de changer d'avis et d'abandonner leur achat. En réduisant le nombre de pages ou d'étapes nécessaires pour finaliser un achat, vous pouvez rendre le processus plus rapide et plus facile pour vos clients, augmentant ainsi la probabilité qu'ils finalisent leur achat.

iii. *Permettre les achats en tant qu'invité*

Obliger les clients à créer un compte avant de pouvoir faire un achat peut être un obstacle majeur. Certains clients peuvent ne pas vouloir prendre le temps de créer un compte, ou peuvent être préoccupés par la sécurité de leurs informations personnelles. En permettant aux clients de faire des achats en tant qu'invités, vous pouvez éliminer cet obstacle et rendre le processus de paiement plus rapide et plus facile.

iv. *Optimiser pour les appareils mobiles*

De plus en plus de clients font leurs achats sur des appareils mobiles, il est donc essentiel que votre processus de paiement soit optimisé pour les appareils mobiles. Cela signifie que les boutons doivent être assez grands pour être facilement cliquables sur un écran tactile, que le texte doit être assez grand pour être facilement lisible sur un petit écran, et que les pages doivent se charger rapidement pour ne pas faire attendre les clients.

c. Utiliser des appels à l'action clairs

Les appels à l'action (CTA) sont des éléments essentiels de toute stratégie de marketing en ligne. Ils guident les utilisateurs à travers le parcours de l'acheteur, indiquant clairement ce qu'ils doivent faire ensuite. Un CTA efficace peut grandement augmenter le taux de conversion de votre boutique Shopify. Voici quelques éléments à considérer lors de la création de vos CTA.

i. *Clarté du message*

Un bon CTA doit être clair et direct. Il doit indiquer précisément ce que les clients doivent faire ensuite et ce qu'ils peuvent attendre en retour. Par exemple, "Ajouter au panier" ou "Acheter maintenant" sont des CTA clairs qui indiquent exactement ce que le client doit faire. Évitez les termes vagues ou génériques qui pourraient prêter à confusion.

ii. *Visibilité du CTA*

Le CTA doit être bien visible et se démarquer du reste de la page. Cela signifie utiliser une couleur contrastante qui attire l'attention, et placer le CTA à un endroit où les clients sont susceptibles de le voir. Par exemple, le bouton "Ajouter au panier" doit être placé à proximité de l'image du produit et de la description, là où le client est le plus susceptible de le chercher.

iii. *Taille et design du CTA*

La taille du CTA doit être suffisamment grande pour être facilement cliquable, en particulier pour les utilisateurs sur des appareils mobiles. Le design du CTA doit également être attrayant et cohérent avec le reste de votre marque. Cela peut inclure l'utilisation de vos couleurs de marque, de polices de caractères, et d'autres éléments de design.

iv. *Test et optimisation du CTA*

Enfin, il est important de tester et d'optimiser vos CTA pour maximiser leur efficacité. Cela peut inclure le test A/B de différents textes, couleurs, emplacements, et designs de CTA pour voir ce qui fonctionne le mieux. En utilisant des outils d'analyse, vous pouvez suivre les performances de vos CTA et apporter des ajustements en fonction des résultats.

En utilisant des appels à l'action clairs et efficaces, vous pouvez guider les clients à travers le parcours de l'acheteur, augmenter le taux de conversion, et finalement augmenter les ventes de votre boutique Shopify.

En simplifiant le processus de paiement, vous pouvez rendre l'expérience d'achat plus agréable pour vos clients et augmenter le taux de conversion de votre boutique Shopify.

d. Offrir un excellent service client

Un excellent service client est un élément essentiel de toute entreprise prospère, et il peut avoir un impact significatif sur le taux de conversion de votre boutique Shopify. Un service client de qualité peut aider à rassurer les clients, à résoudre leurs problèmes et à répondre à leurs questions, ce qui peut les encourager à finaliser leur achat. Voici quelques façons d'offrir un excellent service client.

i. *Chat en direct*

L'offre d'un chat en direct sur votre site web peut fournir une assistance instantanée aux clients qui ont des questions ou des préoccupations. Cela peut aider à résoudre les problèmes en temps réel, ce qui peut encourager les clients à finaliser leur achat. De plus, le chat en direct peut fournir une expérience plus personnelle et interactive, ce qui peut aider à établir une relation plus forte avec les clients.

ii. *Réponse rapide aux e-mails des clients*

Les clients apprécient une réponse rapide à leurs e-mails. Cela montre que vous prenez leurs préoccupations au sérieux et que vous êtes prêt à prendre le temps de les aider. Essayez de répondre aux e-mails des clients dans les 24 heures, si possible. Si la réponse à une question nécessite plus de temps, informez le client que vous avez reçu son e-mail et que vous travaillez à obtenir une réponse.

iii. *Informations claires et détaillées sur les politiques de retour et de remboursement*

Les politiques de retour et de remboursement claires et détaillées peuvent aider à rassurer les clients sur leur achat. Cela peut être particulièrement important pour les clients qui achètent des articles coûteux ou qui sont incertains de leur achat. Assurez-vous que vos politiques de retour et de remboursement sont facilement accessibles sur votre site web et qu'elles sont écrites dans un langage clair et simple.

iv. *Formation du personnel de service à la clientèle*

Assurez-vous que votre personnel de service à la clientèle est bien formé et capable de répondre aux questions et aux préoccupations des clients. Ils doivent être informés sur vos produits, vos politiques et vos procédures afin de pouvoir fournir des réponses précises et utiles.

En offrant un excellent service client, vous pouvez augmenter la satisfaction des clients, améliorer le taux de conversion et renforcer la fidélité des clients à votre marque.

3. Conclusion

L'augmentation de la valeur moyenne des commandes et du taux de conversion est une tâche complexe qui nécessite une planification stratégique et une mise en œuvre efficace. C'est un processus continu qui nécessite une attention constante et des ajustements réguliers pour répondre aux besoins changeants de vos clients et aux tendances du marché.

Les stratégies que nous avons discutées, telles que l'offre de remises sur les achats en volume, la proposition de ventes incitatives et de ventes croisées, l'offre de livraison gratuite pour les commandes d'un certain montant, l'optimisation de la page de produit, la simplification du processus de paiement, l'utilisation d'appels à l'action clairs et l'offre d'un excellent service client, sont toutes des méthodes éprouvées pour augmenter la valeur moyenne des commandes et le taux de conversion.

Cependant, il est important de se rappeler que chaque boutique Shopify est unique, et ce qui fonctionne pour une boutique peut ne pas fonctionner pour une autre. Il est donc crucial de tester différentes stratégies, de suivre les résultats et d'ajuster vos tactiques en conséquence.

En fin de compte, l'objectif est de créer une expérience d'achat positive pour vos clients qui les incite non seulement à acheter plus, mais aussi à revenir pour de futurs achats. En mettant l'accent sur la fourniture de valeur à vos clients et en travaillant constamment à améliorer leur expérience, vous pouvez maximiser les revenus de votre boutique Shopify et assurer le succès à long terme de votre entreprise de dropshipping.

Enfin, n'oubliez pas que le succès ne vient pas du jour au lendemain. Il faut du temps, de la patience et de la persévérance pour construire une entreprise de dropshipping prospère. Mais avec une stratégie bien pensée et une exécution efficace, vous pouvez augmenter la valeur moyenne des commandes et le taux de conversion, et faire de votre boutique Shopify une réussite.

Chapitre 17 : Comment utiliser le remarketing pour augmenter les ventes dans votre boutique Shopify

Le remarketing, également connu sous le nom de retargeting, est une stratégie de marketing numérique qui a révolutionné la façon dont les entreprises interagissent avec leurs clients potentiels. Il s'agit d'une approche qui permet aux entreprises de se reconnecter avec les visiteurs de leur site web qui n'ont pas effectué d'achat ou qui n'ont pas terminé une action souhaitée, comme remplir un formulaire ou s'inscrire à une newsletter.

Cette stratégie repose sur l'utilisation de cookies, de petits fichiers de données stockés sur le navigateur de l'utilisateur, qui permettent de suivre les activités en ligne de l'utilisateur et de collecter des informations sur ses habitudes de navigation. Ces informations sont ensuite utilisées pour présenter à l'utilisateur des publicités personnalisées et ciblées lorsqu'il visite d'autres sites web ou utilise des applications mobiles.

Dans le contexte du commerce électronique et plus précisément de Shopify, une plateforme de commerce électronique largement utilisée par les entreprises de toutes tailles, le remarketing peut être un outil puissant pour augmenter les ventes et la fidélité des clients. En effet, en ciblant les utilisateurs qui ont déjà montré un intérêt pour vos produits ou services, vous pouvez augmenter la pertinence de vos messages publicitaires et améliorer l'efficacité de vos efforts de marketing.

De plus, le remarketing peut également aider à augmenter la notoriété de la marque et à renforcer la relation entre l'entreprise et le client. En voyant régulièrement votre marque et vos produits, les clients sont plus susceptibles de se souvenir de vous et de considérer votre entreprise comme une option viable lorsqu'ils sont prêts à effectuer un achat.

En somme, le remarketing est une stratégie de marketing numérique essentielle qui peut aider les entreprises à maximiser leur potentiel de vente, à améliorer leur notoriété de marque et à renforcer leurs relations avec leurs clients.

1. Qu'est-ce que le remarketing ?

Le remarketing, parfois appelé retargeting, est une stratégie de marketing numérique sophistiquée qui permet de présenter des publicités personnalisées aux utilisateurs qui ont déjà visité votre site web ou interagi avec votre contenu en ligne. Cette technique repose sur l'utilisation de cookies, de petits fichiers de données qui sont placés sur l'ordinateur ou le dispositif mobile de l'utilisateur lorsqu'il visite votre site. Ces cookies recueillent des informations sur les habitudes de navigation de l'utilisateur, y compris les pages qu'il a visitées, les produits qu'il a consultés et les actions qu'il a entreprises sur votre site.

Une fois ces cookies installés, ils permettent à votre entreprise de suivre l'utilisateur lorsqu'il navigue sur Internet. Lorsque l'utilisateur visite d'autres sites web qui font partie du même réseau publicitaire, ces cookies signalent sa présence et déclenchent la diffusion de publicités ciblées pour votre entreprise. Ces publicités peuvent être personnalisées en fonction des informations recueillies par les cookies, ce qui permet de présenter à l'utilisateur des publicités qui sont directement liées à ses intérêts et à ses interactions précédentes avec votre site.

Le remarketing est une technique puissante car elle permet de cibler les utilisateurs qui ont déjà montré un intérêt pour votre entreprise, augmentant ainsi la probabilité qu'ils reviennent sur votre site pour effectuer un achat. De plus, en présentant des publicités personnalisées qui sont directement liées aux intérêts de l'utilisateur, le remarketing peut améliorer l'efficacité de vos publicités et augmenter le retour sur investissement de vos efforts de marketing numérique.

En somme, le remarketing est une stratégie de marketing numérique qui permet aux entreprises de rester au premier plan de l'esprit des consommateurs, d'améliorer la pertinence de leurs publicités et d'augmenter l'efficacité de leurs efforts de marketing en ligne.

2. Pourquoi le remarketing est-il important pour votre boutique Shopify ?

Le remarketing est particulièrement utile pour les boutiques Shopify pour plusieurs raisons. Tout d'abord, il permet de cibler les utilisateurs qui ont déjà montré un intérêt pour vos produits ou services. Cela signifie que vos publicités sont plus susceptibles d'être pertinentes et d'intéresser ces utilisateurs, ce qui peut augmenter la probabilité qu'ils effectuent un achat. En d'autres termes, le remarketing vous permet de tirer le meilleur parti de votre trafic existant en vous reconnectant avec les utilisateurs qui ont déjà montré un intérêt pour votre marque.

De plus, le remarketing peut aider à augmenter la notoriété de votre marque. En présentant régulièrement des publicités à des utilisateurs qui ont déjà visité votre site, vous pouvez rester au premier plan de leur esprit. Cela peut être particulièrement utile dans le monde du commerce électronique, où les consommateurs sont souvent confrontés à une multitude d'options et peuvent facilement oublier une marque qu'ils ont visitée une seule fois.

Le remarketing peut également aider à augmenter la valeur à vie du client. En ciblant les utilisateurs qui ont déjà effectué un achat sur votre site, vous pouvez les encourager à revenir et à effectuer des achats supplémentaires. Cela peut être particulièrement efficace si vous utilisez le remarketing pour présenter des publicités pour des produits complémentaires ou des offres spéciales qui peuvent intéresser vos clients existants.

Enfin, le remarketing peut vous aider à recueillir des données précieuses sur vos clients. En suivant les habitudes de navigation et les comportements d'achat de vos utilisateurs, vous pouvez obtenir des informations précieuses qui peuvent vous aider à affiner votre stratégie de marketing et à améliorer l'expérience utilisateur sur votre site.

En somme, le remarketing est un outil essentiel pour toute boutique Shopify qui cherche à maximiser son potentiel de vente, à augmenter la notoriété de sa marque, à améliorer la fidélité des clients et à recueillir des données précieuses sur ses clients.

3. Comment mettre en place une stratégie de remarketing pour votre boutique Shopify ?

a. Utilisation des outils de remarketing de Google

Google, en tant que l'un des plus grands acteurs du monde numérique, propose une suite d'outils de remarketing robustes qui peuvent être intégrés avec Shopify pour maximiser vos efforts de marketing. Ces outils sont conçus pour vous aider à atteindre les utilisateurs qui ont déjà interagi avec votre site web ou votre application mobile, en leur présentant des publicités personnalisées lorsqu'ils naviguent sur le web ou utilisent des applications mobiles.

L'un des outils les plus populaires est Google Ads, qui offre une fonction de remarketing puissante et flexible. Avec Google Ads, vous pouvez créer des listes de remarketing basées sur les comportements spécifiques des utilisateurs sur votre site. Par exemple, vous pouvez cibler les utilisateurs qui ont visité une certaine page de produit, ajouté un article à leur panier, ou effectué un achat. Ces listes peuvent ensuite être utilisées pour diffuser des publicités ciblées sur Google ou sur d'autres sites web qui font partie du Réseau Display de Google.

En plus de Google Ads, Google propose également Google Analytics, un outil qui peut être utilisé pour suivre et analyser le comportement des utilisateurs sur votre site. En intégrant Google Analytics avec votre boutique Shopify, vous pouvez obtenir des informations précieuses sur la façon dont les utilisateurs interagissent avec votre site, ce qui peut vous aider à affiner vos efforts de remarketing.

Google offre également la possibilité de remarketing dynamique, qui vous permet de montrer aux utilisateurs des publicités pour les produits qu'ils ont déjà vus sur votre site. Cela peut être particulièrement efficace pour encourager les utilisateurs à revenir sur votre site et à effectuer un achat.

En somme, les outils de remarketing de Google offrent une gamme d'options pour vous aider à cibler et à atteindre les utilisateurs qui ont déjà montré un intérêt pour votre boutique Shopify, augmentant ainsi la probabilité de conversions et d'achats répétés.

b. Utilisation du remarketing sur les réseaux sociaux

Les réseaux sociaux sont devenus un élément incontournable de la stratégie de marketing numérique de toute entreprise, et le remarketing sur ces plateformes peut être particulièrement efficace. De nombreux réseaux sociaux, comme Facebook et Instagram, offrent des options de remarketing qui vous permettent de cibler les utilisateurs qui ont visité votre site avec des publicités lorsqu'ils utilisent ces réseaux sociaux.

Facebook, par exemple, propose un outil appelé "Audiences personnalisées" qui vous permet de cibler les utilisateurs qui ont visité votre site ou utilisé votre application mobile. Vous pouvez également créer des "Audiences similaires" pour atteindre de nouveaux utilisateurs qui ont des caractéristiques similaires à celles de vos clients existants. Ces outils peuvent être utilisés pour diffuser des publicités ciblées sur Facebook, Instagram, et d'autres sites et applications qui font partie du Réseau Audience de Facebook.

Instagram, qui appartient à Facebook, offre également des options de remarketing similaires. Vous pouvez utiliser les outils d'Instagram pour cibler les utilisateurs qui ont visité votre site avec des publicités lorsqu'ils utilisent Instagram. De plus, comme Instagram est une plateforme visuelle, vous pouvez utiliser des images et des vidéos attrayantes pour attirer l'attention des utilisateurs et les encourager à revenir sur votre site.

En plus de Facebook et Instagram, d'autres réseaux sociaux comme Twitter et LinkedIn offrent également des options de remarketing. Ces plateformes peuvent être particulièrement utiles si votre public cible est plus susceptible d'utiliser ces réseaux.

En utilisant le remarketing sur les réseaux sociaux, vous pouvez non seulement atteindre les utilisateurs qui ont déjà montré un intérêt pour votre boutique Shopify, mais aussi tirer parti de la nature sociale de ces plateformes pour atteindre de nouveaux utilisateurs et augmenter la notoriété de votre marque.

c. Utilisation d'outils de remarketing tiers

En plus des options de remarketing offertes par Google et les réseaux sociaux, il existe également de nombreux outils de remarketing tiers qui peuvent être utilisés avec Shopify pour améliorer encore plus vos efforts de marketing. Ces outils peuvent offrir des fonctionnalités supplémentaires, comme la possibilité de cibler les utilisateurs en fonction de leur comportement sur votre site, de créer des publicités plus personnalisées, ou de suivre les performances de vos campagnes de remarketing de manière plus détaillée.

Parmi les outils de remarketing tiers les plus populaires, on trouve AdRoll, Criteo et Retargeter. Ces plateformes offrent une gamme de fonctionnalités qui peuvent vous aider à créer des campagnes de remarketing plus efficaces. Par exemple, AdRoll offre des options de ciblage comportemental qui vous permettent de cibler les utilisateurs en fonction de leurs actions sur votre site, comme le fait de visiter certaines pages ou d'ajouter des produits à leur panier. Criteo, quant à lui, utilise l'intelligence artificielle pour optimiser vos publicités et atteindre les utilisateurs au moment le plus propice pour les inciter à effectuer un achat.

En outre, ces outils de remarketing tiers peuvent souvent être intégrés avec d'autres outils de marketing que vous utilisez, comme votre système de gestion de la relation client (CRM) ou votre plateforme d'automatisation du marketing. Cela peut vous aider à créer une stratégie de marketing plus cohérente et plus efficace.

En somme, l'utilisation d'outils de remarketing tiers peut vous offrir plus de flexibilité et de contrôle sur vos campagnes de remarketing, et vous aider à atteindre vos objectifs de marketing de manière plus efficace. Cependant, il est important de choisir un outil qui correspond à vos besoins et à vos objectifs, et de prendre le temps de comprendre comment utiliser cet outil pour obtenir les meilleurs résultats.

4. Comment optimiser votre stratégie de remarketing ?

a. Segmentez votre audience

La segmentation de votre audience est une étape cruciale pour optimiser vos efforts de remarketing. En divisant votre audience en groupes distincts en fonction de critères spécifiques, vous pouvez vous assurer que vous ciblez les bons utilisateurs avec les bonnes publicités, ce qui peut augmenter l'efficacité de vos campagnes de remarketing.

Par exemple, vous pouvez cibler les utilisateurs qui ont ajouté un produit à leur panier mais n'ont pas effectué d'achat. Ces utilisateurs ont montré un intérêt clair pour un produit spécifique, et les cibler avec des publicités pour ce produit peut les inciter à revenir sur votre site et à finaliser leur achat.

De même, vous pouvez cibler les utilisateurs qui ont visité une certaine page de votre site, comme une page de catégorie de produit ou une page de vente. Ces utilisateurs ont montré un intérêt pour un type de produit ou une offre spécifique, et les cibler avec des publicités pertinentes peut augmenter la probabilité qu'ils effectuent un achat.

En outre, vous pouvez également segmenter votre audience en fonction de critères démographiques, comme l'âge, le sexe, la localisation, ou les centres d'intérêt. Cela peut vous aider à créer des publicités plus personnalisées et pertinentes pour chaque segment de votre audience.

Enfin, n'oubliez pas que la segmentation de votre audience n'est pas une action unique. Il est important de revoir et d'ajuster régulièrement vos segments d'audience en fonction des performances de vos campagnes de remarketing et des changements dans le comportement de vos utilisateurs.

En somme, la segmentation de votre audience est une étape essentielle pour optimiser vos efforts de remarketing. En ciblant les bons utilisateurs avec les bonnes publicités, vous pouvez augmenter l'efficacité de vos campagnes de remarketing et maximiser le retour sur investissement de vos efforts de marketing.

b. Créez des publicités personnalisées

La personnalisation est la clé du succès de toute campagne de remarketing. En créant des publicités qui sont spécifiquement adaptées aux intérêts et aux comportements de chaque utilisateur, vous pouvez augmenter l'efficacité de vos publicités et améliorer l'expérience de l'utilisateur.

Par exemple, vous pouvez utiliser le remarketing dynamique pour montrer aux utilisateurs des publicités pour les produits qu'ils ont déjà vus ou ajoutés à leur panier sur votre site. Ces publicités peuvent rappeler aux utilisateurs les produits qu'ils ont aimés et les inciter à revenir sur votre site pour effectuer un achat.

De plus, vous pouvez personnaliser vos publicités en offrant des réductions ou des offres spéciales. Par exemple, vous pouvez offrir une réduction aux utilisateurs qui ont ajouté un produit à leur panier mais n'ont pas effectué d'achat, ou offrir la livraison gratuite pour les inciter à effectuer un achat. Ces offres peuvent être un puissant incitatif pour les utilisateurs à revenir sur votre site et à effectuer un achat.

En outre, n'oubliez pas que la personnalisation ne concerne pas seulement le contenu de vos publicités, mais aussi leur apparence. Utilisez des images et des designs attrayants qui reflètent votre marque et attirent l'attention de l'utilisateur. Assurez-vous également que vos publicités sont optimisées pour tous les appareils, y compris les ordinateurs de bureau, les tablettes et les smartphones.

En somme, la création de publicités personnalisées peut augmenter considérablement l'efficacité de vos campagnes de remarketing. En montrant aux utilisateurs des publicités qui sont directement liées à leurs intérêts et à leurs comportements, vous pouvez augmenter la pertinence de vos publicités et améliorer l'expérience de l'utilisateur.

c. Testez et ajustez votre stratégie

Comme pour toute stratégie de marketing, il est crucial de tester et d'ajuster votre stratégie de remarketing pour optimiser son efficacité. Le monde du marketing numérique est en constante évolution, et ce qui fonctionne aujourd'hui peut ne pas fonctionner demain. Par conséquent, il est important d'adopter une approche proactive et flexible pour gérer vos campagnes de remarketing.

Vous pouvez tester différents types de publicités pour voir lesquelles attirent le plus l'attention des utilisateurs et les incitent à cliquer. Par exemple, vous pouvez tester des publicités avec différentes images, différents messages, ou différents appels à l'action pour voir ce qui fonctionne le mieux.

De même, vous pouvez tester différents segments d'audience pour voir lesquels sont les plus réactifs à vos publicités. Par exemple, vous pouvez tester des segments basés sur différents comportements des utilisateurs, différents critères démographiques, ou différents niveaux d'engagement avec votre site.

En outre, vous pouvez tester différents paramètres de vos campagnes de remarketing, comme la fréquence à laquelle vos publicités sont diffusées, le moment où elles sont diffusées, ou les sites sur lesquels elles sont diffusées. Ces paramètres peuvent avoir un impact significatif sur l'efficacité de vos publicités et doivent être ajustés en fonction des performances de vos campagnes.

Enfin, n'oubliez pas que le test et l'ajustement de votre stratégie de remarketing doit être un processus continu. Les comportements des utilisateurs, les tendances du marché, et les algorithmes des plateformes publicitaires changent constamment, et vous devez être prêt à ajuster votre stratégie en conséquence.

En somme, le test et l'ajustement de votre stratégie de remarketing est une étape essentielle pour optimiser l'efficacité de vos campagnes. En adoptant une approche proactive et flexible, vous pouvez vous assurer que votre stratégie de remarketing reste efficace et continue à générer des résultats positifs pour votre entreprise.

5. Conclusion

Le remarketing est sans aucun doute un outil puissant pour stimuler les ventes et la fidélité des clients dans votre boutique Shopify. En ciblant les utilisateurs qui ont déjà montré un intérêt pour vos produits ou qui ont interagi avec votre site, vous pouvez augmenter la pertinence de vos publicités et la probabilité que ces utilisateurs reviennent pour effectuer un achat. Cela peut non seulement augmenter vos ventes, mais aussi améliorer l'expérience utilisateur, ce qui peut conduire à une plus grande fidélité des clients à long terme.

Cependant, il est important de noter que le remarketing n'est pas une solution miracle. Pour être efficace, il doit être intégré dans une stratégie de marketing plus large qui comprend une compréhension claire de votre public cible, une proposition de valeur forte, et un site web optimisé pour les conversions. De plus, le remarketing doit être géré activement et ajusté en fonction des performances de vos campagnes.

Il est également crucial de continuer à tester et à ajuster votre stratégie de remarketing pour obtenir les meilleurs résultats. Cela peut impliquer l'expérimentation de différents types de publicités, la segmentation de votre audience de différentes manières, ou l'ajustement de vos paramètres de campagne pour optimiser l'efficacité de vos publicités.

En somme, le remarketing est une stratégie de marketing numérique puissante qui, lorsqu'elle est utilisée correctement, peut aider à augmenter les ventes et la fidélité des clients dans votre boutique Shopify. Cependant, comme pour toute stratégie de marketing, il est important de l'aborder de manière réfléchie, de la gérer activement, et de l'ajuster en fonction des performances pour obtenir les meilleurs résultats possibles.

Chapitre 18 : Comment analyser et optimiser les performances de votre boutique Shopify

1. Introduction à l'analyse et à l'optimisation des performances

L'analyse et l'optimisation des performances jouent un rôle essentiel dans la réussite de votre boutique Shopify en dropshipping. En comprenant les données clés et en prenant des décisions basées sur des informations précises, vous pouvez maximiser vos chances de réussite. Dans ce chapitre, nous explorerons en détail les différentes stratégies et outils que vous pouvez utiliser pour évaluer les performances de votre boutique Shopify et mettre en place des améliorations ciblées.

L'analyse des performances vous permet de mesurer et d'évaluer objectivement la santé et le rendement de votre boutique Shopify. En comprenant les métriques clés telles que le taux de conversion, le chiffre d'affaires, le panier moyen et d'autres indicateurs pertinents, vous obtiendrez une vision claire de la performance globale de votre boutique.

L'optimisation des performances consiste à identifier les domaines où des améliorations peuvent être apportées afin d'optimiser la rentabilité, d'augmenter les ventes et de fournir une meilleure expérience client. En analysant les données collectées et en comprenant les comportements des visiteurs, vous serez en mesure d'apporter des ajustements stratégiques pour maximiser les résultats.

Dans ce chapitre, nous vous guiderons à travers les différentes étapes de l'analyse et de l'optimisation des performances. Nous vous présenterons des outils et des méthodes efficaces pour collecter et interpréter les données, et nous vous fournirons des conseils pratiques pour prendre des décisions éclairées.

Que vous soyez novice en matière d'analyse de données ou que vous souhaitiez approfondir vos connaissances, ce chapitre vous aidera à maîtriser les compétences nécessaires pour évaluer les performances de votre boutique Shopify et mettre en œuvre des améliorations stratégiques. En comprenant les forces et les faiblesses de votre boutique, vous serez en mesure de prendre des décisions informées et de façonner votre entreprise de manière efficace.

Prêt à plonger dans le monde de l'analyse et de l'optimisation des performances de votre boutique Shopify ? Continuons notre exploration pour vous fournir les connaissances et les outils dont vous avez besoin pour réussir.

2. Collecte de données sur votre boutique Shopify

Avant de plonger dans l'analyse des performances de votre boutique Shopify, il est essentiel de collecter des données pertinentes pour obtenir une vision claire et précise de son fonctionnement. Voici quelques étapes clés pour vous aider à démarrer :

a. Utilisation de Google Analytics

Google Analytics est un outil puissant qui vous permet de suivre le comportement des visiteurs sur votre site. En intégrant Google Analytics à votre boutique Shopify, vous pouvez obtenir des informations détaillées sur le trafic, les conversions, les sources de trafic, les comportements des visiteurs, et bien plus encore. Assurez-vous de configurer correctement Google Analytics en ajoutant le code de suivi à votre boutique. Cela vous permettra de collecter des données précieuses sur les performances de votre boutique.

b. Suivi des indicateurs clés de performance (KPI)

Les indicateurs clés de performance (KPI) sont des mesures essentielles pour évaluer la santé globale de votre boutique Shopify. Ils vous donnent une vision synthétique de la performance de votre boutique. Certains KPI importants incluent le taux de conversion, le chiffre d'affaires par visiteur, le panier moyen, le taux de rebond, le nombre de pages vues, etc. Identifiez les KPI les plus pertinents pour votre activité et surveillez-les régulièrement. Ces indicateurs vous aideront à mesurer vos progrès, à détecter les problèmes potentiels et à prendre des décisions éclairées pour optimiser vos performances.

c. Configuration des objectifs de conversion

Les objectifs de conversion sont des actions spécifiques que vous souhaitez que les visiteurs effectuent sur votre site, telles que l'achat d'un produit, l'inscription à votre newsletter ou la demande de devis. La configuration d'objectifs de conversion dans Google Analytics vous permet de mesurer et d'analyser ces actions. Cela vous aidera à évaluer l'efficacité de vos campagnes marketing, de vos pages de destination et de vos processus de conversion. Définissez des objectifs de conversion pertinents en fonction de vos objectifs commerciaux et suivez-les régulièrement pour évaluer vos performances.

En mettant en place ces étapes de collecte de données, vous disposerez d'une base solide pour analyser et optimiser les performances de votre boutique Shopify. Ces informations précieuses vous aideront à comprendre comment votre boutique se comporte, à identifier les points forts et les opportunités d'amélioration, et à prendre des décisions stratégiques basées sur des données concrètes.

Passons maintenant à l'étape suivante de notre exploration, où nous examinerons comment analyser en profondeur ces données pour obtenir des informations exploitables et mettre en place des améliorations ciblées pour votre boutique Shopify.

3. Analyse du trafic et du comportement des visiteurs

Comprendre l'origine de votre trafic et la manière dont les visiteurs interagissent avec votre boutique en ligne est crucial pour optimiser les performances de votre boutique Shopify. Voici quelques points clés à prendre en considération :

a. Étude des sources de trafic

Analyser les sources de trafic qui dirigent les visiteurs vers votre boutique Shopify est essentiel pour optimiser vos efforts marketing. Les principales sources de trafic peuvent inclure la recherche organique, les campagnes publicitaires, les médias sociaux, les campagnes par e-mail, les liens entrants provenant d'autres sites, etc. Identifiez les sources qui génèrent le plus de trafic qualifié et concentrez vos efforts sur celles-ci. Cela vous permettra de maximiser votre visibilité et d'attirer un public pertinent pour votre boutique.

b. Analyse du comportement des visiteurs sur votre site

L'utilisation d'outils d'analyse tels que Google Analytics vous permet d'examiner le comportement des visiteurs sur votre site. Identifiez les pages les plus visitées, les pages de sortie, la durée moyenne des sessions, le taux de rebond, etc. Ces informations vous aideront à comprendre comment les visiteurs interagissent avec votre boutique, quelles sont les pages les plus attrayantes et celles qui nécessitent des améliorations. En analysant le comportement des visiteurs, vous pouvez identifier les points forts et les points faibles de votre boutique Shopify et prendre des décisions stratégiques pour améliorer l'expérience utilisateur.

c. Utilisation des entonnoirs de conversion

Les entonnoirs de conversion sont des outils puissants pour visualiser le parcours des visiteurs depuis leur arrivée sur votre site jusqu'à l'accomplissement de l'action souhaitée, comme l'achat d'un produit. En analysant les étapes du processus d'achat, vous pouvez identifier les points de friction où vous perdez des visiteurs et apporter des améliorations pour augmenter les conversions. Identifiez les pages où le taux d'abandon est élevé et optimisez-les en simplifiant le processus d'achat, en améliorant la clarté des appels à l'action et en réduisant les obstacles potentiels.

En analysant le trafic et le comportement des visiteurs de votre boutique Shopify, vous obtiendrez des informations précieuses pour optimiser votre marketing, améliorer l'expérience utilisateur et augmenter les conversions. Ces données vous permettront de prendre des décisions éclairées et de mettre en place des améliorations ciblées pour maximiser les performances de votre boutique en ligne.

4. Évaluation des performances des produits

L'évaluation des performances de vos produits est une étape essentielle pour maximiser vos ventes et votre rentabilité au sein de votre boutique Shopify. Voici quelques aspects clés à prendre en compte lors de cette évaluation :

a. Analyse des ventes et du chiffre d'affaires par produit

Analyser les données de vente vous permet d'identifier quels produits génèrent le plus de chiffre d'affaires dans votre boutique. Identifiez les produits qui se vendent le mieux et contribuent le plus à votre rentabilité. En comprenant les performances individuelles de chaque produit, vous pouvez déterminer les facteurs qui contribuent à leur succès et utiliser ces informations pour optimiser vos stratégies de vente.

b. Identification des produits les plus rentables

Lors de l'évaluation des performances de vos produits, il est essentiel de prendre en compte les marges bénéficiaires. Identifiez les produits qui génèrent les marges les plus élevées, même s'ils ne sont pas nécessairement les meilleurs vendeurs en termes de chiffre d'affaires. Concentrez vos efforts de promotion et de mise en valeur sur ces produits rentables afin de maximiser vos bénéfices.

c. Gestion des produits à faible performance

Si certains produits ne répondent pas à vos attentes en termes de ventes, il est important d'agir rapidement. Vous pouvez envisager de retirer ces produits de votre boutique ou d'apporter des modifications pour les rendre plus attrayants pour vos clients. L'optimisation de votre catalogue de produits est essentielle pour maintenir une boutique compétitive et en constante évolution. Identifiez les produits à faible performance et recherchez des opportunités d'amélioration, que ce soit en apportant des modifications aux descriptions, aux images, aux prix ou en recherchant de nouveaux produits plus adaptés à votre audience.

En évaluant régulièrement les performances de vos produits, vous serez en mesure de prendre des décisions éclairées pour maximiser les ventes et optimiser votre rentabilité. Une compréhension approfondie de votre assortiment de produits vous permettra de rester concurrentiel sur le marché et d'offrir une expérience d'achat attrayante à vos clients.

5. Optimisation de l'expérience utilisateur

L'expérience utilisateur est un facteur déterminant pour le succès de votre boutique Shopify. Voici quelques stratégies clés pour optimiser l'expérience utilisateur et offrir une expérience de navigation agréable à vos visiteurs :

a. Amélioration de la vitesse de chargement du site

La vitesse de chargement de votre site est un élément crucial pour l'expérience utilisateur. Un temps de chargement lent peut entraîner une augmentation du taux de rebond, une diminution des conversions et une frustration chez les visiteurs. Optimisez la vitesse de chargement de votre site en compressant les images, en utilisant la mise en cache, en minimisant les scripts et en choisissant un hébergeur performant. Assurez-vous que votre boutique Shopify se charge rapidement sur tous les appareils, y compris les mobiles, pour offrir une expérience fluide à vos visiteurs.

b. Optimisation du design et de la navigation

Un design attrayant et une navigation intuitive sont essentiels pour offrir une expérience utilisateur optimale. Assurez-vous que votre boutique Shopify possède une mise en page claire et attrayante, avec des visuels de haute qualité et un choix de couleurs cohérent. Organisez vos produits en catégories claires et proposez une navigation fluide avec des menus bien structurés. Veillez à ce que les visiteurs puissent facilement trouver les informations dont ils ont besoin et accéder aux produits qui les intéressent. Une navigation simple et intuitive permettra aux visiteurs de rester plus longtemps sur votre site et de trouver rapidement ce qu'ils recherchent.

c. Utilisation de tests A/B pour l'optimisation des pages

Les tests A/B sont une méthode efficace pour optimiser vos pages et améliorer les conversions. Cette approche consiste à comparer différentes versions d'une même page en variant un élément à la fois, comme le titre, les images, les boutons d'appel à l'action, les couleurs, etc. En réalisant des tests A/B, vous pouvez déterminer quelles modifications apportent une amélioration significative des performances. Testez différentes variantes, analysez les résultats et utilisez les conclusions pour optimiser vos pages et maximiser les conversions. Les tests A/B vous permettent d'adopter une approche basée sur les données pour prendre des décisions informées sur l'expérience utilisateur.

En mettant en œuvre ces stratégies d'optimisation de l'expérience utilisateur, vous créerez un environnement convivial et engageant pour vos visiteurs, ce qui favorisera les conversions et la fidélisation des clients. N'oubliez pas de surveiller régulièrement les métriques liées à l'expérience utilisateur, telles que le taux de rebond, le temps passé sur le site et les taux de conversion, afin d'identifier les domaines où des améliorations supplémentaires peuvent être apportées.

6. Analyse des performances du marketing

L'analyse des performances de vos efforts marketing est essentielle pour allouer efficacement vos ressources et maximiser les résultats de votre boutique Shopify. Voici quelques points importants à prendre en considération lors de cette analyse :

a. Évaluation des campagnes publicitaires

Analyser les résultats de vos campagnes publicitaires est crucial pour déterminer leur efficacité et optimiser votre stratégie marketing. Examinez les indicateurs clés tels que le taux de clics, le coût par clic, le taux de conversion et le retour sur investissement (ROI) de chaque campagne. Identifiez les campagnes qui génèrent le meilleur ROI et ajustez vos budgets et vos stratégies en conséquence. Concentrez vos ressources sur les canaux publicitaires les plus performants et optimisez vos messages et vos ciblages pour obtenir les meilleurs résultats.

b. Suivi du retour sur investissement (ROI)

Mesurer le retour sur investissement (ROI) de vos différentes initiatives marketing est essentiel pour évaluer leur efficacité financière. Calculez le ROI en comparant les revenus générés par vos activités marketing aux coûts associés. Cela vous permettra de déterminer les initiatives les plus rentables et de prendre des décisions éclairées sur la répartition de votre budget marketing. Identifiez les canaux, les campagnes ou les actions qui offrent le meilleur ROI et allouez vos ressources en conséquence pour maximiser votre rendement.

c. Utilisation du marketing d'influence pour augmenter les ventes

Le marketing d'influence peut être un moyen efficace d'augmenter les ventes et d'amplifier votre visibilité. Analysez les performances de vos collaborations avec des influenceurs pour évaluer leur impact sur votre boutique Shopify. Suivez les indicateurs tels que le taux de conversion, le nombre de ventes générées, l'engagement des utilisateurs et la notoriété de votre marque. Identifiez les influenceurs qui génèrent les meilleurs résultats et évaluez la rentabilité de ces partenariats. Adaptez votre stratégie de marketing d'influence en fonction des résultats obtenus pour maximiser votre impact sur votre public cible.

En analysant régulièrement les performances de vos efforts marketing, vous serez en mesure d'optimiser vos campagnes, d'investir efficacement vos ressources et de maximiser les résultats de votre boutique Shopify. Utilisez les données et les analyses pour prendre des décisions éclairées, ajuster votre stratégie marketing et augmenter la rentabilité de vos activités promotionnelles.

7. Utilisation des données pour la prise de décision stratégique

Les données collectées sur votre boutique Shopify fournissent des informations précieuses qui vous aident à prendre des décisions stratégiques éclairées. Voici quelques exemples concrets d'utilisation des données pour orienter vos décisions :

a. Utilisation des données pour l'ajustement des prix

L'analyse des données de vente et des marges bénéficiaires vous permet d'évaluer la pertinence de vos prix. Identifiez les produits qui se vendent bien avec une marge bénéficiaire élevée, ainsi que ceux qui pourraient bénéficier d'ajustements de prix pour stimuler les ventes. En observant les tendances de vente, vous pouvez déterminer si certains produits sont surévalués ou sous-évalués par rapport à la demande du marché. Utilisez ces informations pour apporter les modifications de prix appropriées et optimiser la rentabilité de votre boutique Shopify.

b. Identification des opportunités de croissance

L'analyse des données de vente et des tendances du marché vous permet d'identifier de nouvelles opportunités de croissance pour votre boutique. En étudiant les segments de marché émergents, les besoins non satisfaits des consommateurs ou les tendances émergentes, vous pouvez trouver de nouvelles perspectives pour développer votre activité. Explorez la possibilité de cibler de nouveaux segments de clients, développez de nouveaux produits ou services, ou envisagez des partenariats stratégiques qui vous aideront à stimuler la croissance de votre boutique Shopify. Utilisez les données pour évaluer le potentiel de ces opportunités et prenez des décisions éclairées pour maximiser votre croissance.

c. Suivi des tendances du marché

La surveillance des tendances du dropshipping et de l'e-commerce est cruciale pour rester compétitif sur le marché. Utilisez les données et les analyses pour suivre les changements dans le comportement des consommateurs, les nouvelles technologies, les tendances du design, les innovations produits, etc. En comprenant ces tendances, vous pouvez adapter votre stratégie de marketing, votre offre de produits et vos canaux de vente pour répondre aux besoins changeants du marché. Restez à l'affût des nouvelles opportunités et des évolutions du marché grâce à une analyse continue des données.

En utilisant les données de manière stratégique, vous pourrez prendre des décisions informées et réactives pour améliorer la performance de votre boutique Shopify et saisir les opportunités qui se présentent. Assurez-vous de recueillir et d'analyser régulièrement les données pertinentes pour orienter vos décisions stratégiques et maximiser le succès de votre boutique.

8. Conclusion

Dans ce chapitre sur l'analyse et l'optimisation des performances de votre boutique Shopify, nous avons exploré différentes stratégies et outils pour vous aider à évaluer et améliorer les performances de votre boutique en dropshipping. En comprenant les données clés et en prenant des décisions basées sur des informations précises, vous pourrez maximiser vos chances de réussite.

Nous avons commencé par aborder l'importance de la collecte de données pertinentes, en mettant l'accent sur l'utilisation de Google Analytics pour suivre le comportement des visiteurs, le suivi des indicateurs clés de performance (KPI) et la configuration des objectifs de conversion.

Ensuite, nous avons examiné l'analyse du trafic et du comportement des visiteurs, en soulignant l'importance de comprendre les sources de trafic, d'analyser le comportement des visiteurs sur votre site et d'utiliser des entonnoirs de conversion pour améliorer les taux de conversion.

Nous avons également exploré l'évaluation des performances des produits, en mettant en évidence l'importance de l'analyse des ventes et du chiffre d'affaires par produit, l'identification des produits les plus rentables et la gestion des produits à faible performance.

Ensuite, nous avons abordé l'optimisation de l'expérience utilisateur, en soulignant l'importance de l'amélioration de la vitesse de chargement du site, de l'optimisation du design et de la navigation, ainsi que de l'utilisation de tests A/B pour l'optimisation des pages.

Nous avons également souligné l'importance de l'analyse des performances du marketing, en mettant l'accent sur l'évaluation des campagnes publicitaires, le suivi du retour sur investissement (ROI) et l'utilisation du marketing d'influence pour augmenter les ventes.

Enfin, nous avons exploré l'utilisation des données pour la prise de décision stratégique, en mettant en évidence l'ajustement des prix, l'identification des opportunités de croissance et le suivi des tendances du marché.

En utilisant les stratégies et les outils présentés dans ce chapitre, vous serez en mesure d'analyser et d'optimiser les performances de votre boutique Shopify de manière ciblée, ce qui vous aidera à maximiser vos ventes, votre rentabilité et votre succès global.

Chapitre 19 : Comment gérer la croissance et les défis de la gestion d'une boutique Shopify

1. Gestion de l'inventaire et des fournisseurs

La gestion de l'inventaire est un défi majeur pour toute entreprise de commerce électronique, et encore plus pour une entreprise de dropshipping. Dans le modèle de dropshipping, vous ne possédez pas physiquement les produits que vous vendez, ce qui signifie que vous devez vous fier à vos fournisseurs pour gérer l'inventaire. Cela peut poser plusieurs défis.

Premièrement, vous devez vous assurer que vos fournisseurs ont suffisamment de stock pour répondre à la demande. Si un client passe une commande pour un produit qui est en rupture de stock chez votre fournisseur, cela peut entraîner des retards de livraison et une mauvaise expérience client. Pour éviter cela, il est crucial de communiquer régulièrement avec vos fournisseurs et de comprendre leur capacité à gérer l'inventaire.

Deuxièmement, vous devez être capable de suivre les niveaux de stock de vos fournisseurs en temps réel. Cela peut être difficile si vous travaillez avec plusieurs fournisseurs ou si vos fournisseurs ne disposent pas d'un système de gestion d'inventaire efficace. Heureusement, Shopify offre des outils de gestion d'inventaire intégrés qui peuvent vous aider à suivre les niveaux de stock de vos fournisseurs. Ces outils peuvent vous alerter lorsque les niveaux de stock sont bas, vous permettant de prendre des mesures pour éviter les ruptures de stock.

Enfin, vous devez être capable de gérer les retours et les remboursements de manière efficace. Dans le modèle de dropshipping, les retours peuvent être compliqués car vous devez coordonner avec le fournisseur pour récupérer le produit et le rembourser. Encore une fois, Shopify offre des outils qui peuvent aider à gérer ce processus.

En résumé, la gestion de l'inventaire et des fournisseurs est un aspect crucial de la gestion d'une boutique Shopify de dropshipping. En utilisant les bons outils et en communiquant efficacement avec vos fournisseurs, vous pouvez minimiser les problèmes et assurer une expérience client positive.

2. Maintien de la qualité du service client

À mesure que votre entreprise grandit, le maintien d'un niveau élevé de service client peut devenir un défi de taille. La croissance rapide peut entraîner une augmentation du volume des demandes de service client, ce qui peut dépasser la capacité de votre équipe à y répondre de manière efficace et opportune. Cependant, il est crucial de maintenir un service client de haute qualité, car cela peut avoir un impact significatif sur la satisfaction et la fidélité des clients.

Premièrement, assurez-vous d'avoir une équipe dédiée pour répondre aux questions et résoudre les problèmes des clients. Cette équipe doit être bien formée et comprendre en profondeur vos produits, politiques et processus. Ils doivent également être capables de communiquer efficacement avec les clients et de résoudre les problèmes de manière rapide et satisfaisante.

Deuxièmement, investissez dans des outils et des technologies qui peuvent aider votre équipe de service client à être plus efficace. Par exemple, un système de gestion des relations avec les clients (CRM) peut aider votre équipe à suivre les interactions avec les clients et à gérer les demandes de service client de manière organisée.

Les chatbots sont un autre outil qui peut être très utile. Ils peuvent être programmés pour répondre automatiquement aux questions fréquentes, libérant ainsi votre équipe pour se concentrer sur des problèmes plus complexes. Les chatbots peuvent également être disponibles 24 heures sur 24 et 7 jours sur 7, ce qui peut améliorer la satisfaction des clients en leur permettant d'obtenir des réponses à leurs questions à tout moment.

Enfin, il est important de recueillir régulièrement des commentaires des clients sur la qualité de votre service client. Cela peut vous aider à identifier les domaines d'amélioration et à prendre des mesures pour améliorer votre service. Vous pouvez recueillir des commentaires par le biais de sondages, de commentaires sur les réseaux sociaux ou de discussions directes avec les clients.

En résumé, le maintien d'un service client de haute qualité à mesure que votre entreprise grandit peut être un défi, mais avec une équipe dédiée, les bons outils et une attention constante à l'amélioration, vous pouvez continuer à offrir un excellent service à vos clients.

3. Gestion des retours et des remboursements

Les retours et les remboursements sont une réalité inévitable du commerce électronique. Ils peuvent être une source de frustration pour les clients et une source de stress pour les entreprises. Cependant, une gestion efficace des retours et des remboursements peut transformer ces défis en opportunités pour améliorer la satisfaction des clients et renforcer la fidélité à la marque.

Tout d'abord, il est crucial de mettre en place une politique de retour claire et équitable. Cette politique doit être facilement accessible et compréhensible pour les clients. Elle doit préciser les conditions dans lesquelles un produit peut être retourné, le processus de retour, et le type de remboursement que le client peut attendre (par exemple, un remboursement complet, un crédit en magasin, etc.). Une politique de retour équitable peut non seulement aider à résoudre les problèmes de manière efficace, mais aussi à instaurer la confiance entre vous et vos clients.

Deuxièmement, assurez-vous que votre équipe de service client est bien formée pour gérer les retours et les remboursements. Ils doivent comprendre votre politique de retour à fond et être capables de la communiquer clairement aux clients. Ils doivent également être capables de gérer les situations difficiles avec tact et professionnalisme, en gardant toujours à l'esprit l'objectif ultime de satisfaire le client.

Troisièmement, envisagez d'investir dans des outils ou des logiciels qui peuvent aider à automatiser et à rationaliser le processus de retour. Par exemple, certains outils peuvent générer automatiquement des étiquettes de retour pour les clients, ce qui facilite le processus pour eux et pour vous.

Enfin, utilisez les retours et les remboursements comme une occasion d'apprendre et d'améliorer. Analysez les raisons des retours pour identifier les problèmes potentiels avec vos produits ou votre processus de commande.

Utilisez ces informations pour apporter des améliorations qui peuvent réduire le nombre de retours à l'avenir.

En résumé, bien que la gestion des retours et des remboursements puisse être un défi, une approche proactive et centrée sur le client peut aider à transformer ce défi en une opportunité d'améliorer votre entreprise.

4. Optimisation de la conversion et augmentation de la valeur moyenne des commandes

À mesure que votre trafic augmente, l'optimisation de votre taux de conversion devient de plus en plus importante. Un taux de conversion plus élevé signifie que vous tirez davantage parti du trafic que vous générez, ce qui peut conduire à une augmentation significative des ventes et des revenus.

L'optimisation de la conversion commence par comprendre vos clients et leur parcours sur votre site. Utilisez des outils d'analyse pour suivre le comportement des utilisateurs sur votre site et identifier les points de friction qui peuvent les empêcher de convertir. Par exemple, un processus de paiement compliqué ou des informations de produit insuffisantes peuvent dissuader les clients de passer une commande.

Une fois que vous avez identifié les points de friction, testez différents éléments de votre site pour voir ce qui fonctionne le mieux. Cela peut inclure les appels à l'action, les images de produits, les descriptions de produits, la disposition de la page, et plus encore. Les tests A/B peuvent être un moyen efficace de déterminer quels changements conduisent à une augmentation du taux de conversion.

En plus de l'optimisation de la conversion, vous devriez également chercher à augmenter la valeur moyenne des commandes. Cela signifie encourager les clients à dépenser plus à chaque achat. Il existe plusieurs techniques pour cela, comme les ventes incitatives et les ventes croisées. Les ventes incitatives encouragent les clients à acheter une version plus chère ou plus haut de gamme d'un produit, tandis que les ventes croisées encouragent les clients à acheter des produits complémentaires.

Par exemple, si vous vendez des ordinateurs, une vente incitative pourrait être d'encourager les clients à acheter un modèle avec plus de mémoire ou un processeur plus rapide. Une vente croisée pourrait être d'encourager les clients à acheter une souris ou une sacoche d'ordinateur en plus de leur achat d'ordinateur.

En résumé, l'optimisation de la conversion et l'augmentation de la valeur moyenne des commandes sont deux stratégies clés pour maximiser les revenus de votre boutique Shopify. En comprenant vos clients, en testant différents éléments de votre site, et en encourageant les clients à dépenser plus, vous pouvez augmenter vos ventes et vos revenus.

5. Analyse et optimisation des performances

L'analyse et l'optimisation des performances sont des éléments clés de la gestion et de la croissance d'une boutique Shopify. En comprenant comment les utilisateurs interagissent avec votre boutique et en identifiant les domaines d'amélioration, vous pouvez apporter des modifications qui augmentent l'engagement, améliorent l'expérience utilisateur et, finalement, augmentent les ventes.

L'un des outils les plus puissants à votre disposition pour l'analyse des performances est Google Analytics. Cet outil gratuit vous permet de suivre une multitude de métriques, y compris le nombre de visiteurs sur votre site, le taux de rebond, le temps passé sur le site, le taux de conversion, et bien plus encore. Vous pouvez également voir d'où viennent vos visiteurs, quelles pages ils visitent, et quel chemin ils empruntent pour effectuer un achat.

Ces informations peuvent vous aider à identifier les domaines où vous pouvez améliorer. Par exemple, un taux de rebond élevé pourrait indiquer que les visiteurs ne trouvent pas ce qu'ils cherchent sur votre site, ou qu'ils trouvent le site difficile à naviguer. Dans ce cas, vous pourriez envisager de revoir la disposition de votre site ou d'améliorer la clarté de vos informations sur les produits.

De même, si vous constatez que les visiteurs passent très peu de temps sur votre site, cela pourrait indiquer un manque d'engagement. Vous pourriez envisager d'ajouter plus de contenu interactif, comme des vidéos de produits ou des avis de clients, pour encourager les visiteurs à passer plus de temps sur votre site.

En plus de Google Analytics, Shopify offre également ses propres outils d'analyse intégrés. Ces outils peuvent vous aider à suivre les ventes, les commandes, et les tendances des visiteurs directement depuis votre tableau de bord Shopify.

En résumé, l'analyse et l'optimisation des performances sont des processus continus qui peuvent vous aider à comprendre vos clients, à améliorer votre boutique, et à augmenter vos ventes. En utilisant des outils d'analyse et en faisant des ajustements en fonction de vos résultats, vous pouvez continuer à améliorer et à développer votre boutique Shopify.

6. Gestion de la croissance internationale

La croissance internationale peut être une étape passionnante pour toute entreprise de commerce électronique. Cependant, elle présente également de nombreux défis uniques qui nécessitent une planification et une préparation minutieuses.

L'un des premiers défis est la traduction de votre site. Il ne s'agit pas seulement de traduire le texte de votre site dans une autre langue, mais aussi de s'assurer que le ton, le style et le contexte culturel sont appropriés pour le public cible. Il peut être utile de travailler avec des traducteurs professionnels ou des locuteurs natifs pour s'assurer que votre contenu est bien reçu par les clients internationaux.

En plus de la traduction, il est important de comprendre les différences culturelles qui peuvent affecter la façon dont les clients internationaux perçoivent et interagissent avec votre boutique. Par exemple, les préférences en matière de design, les habitudes d'achat et les attentes en matière de service à la clientèle peuvent varier considérablement d'un pays à l'autre. Faire des recherches sur le marché cible et adapter votre boutique en conséquence peut aider à augmenter l'engagement et les ventes.

La conformité aux lois et réglementations locales est un autre défi majeur de l'expansion internationale. Cela peut inclure des lois sur la protection des consommateurs, des réglementations sur la confidentialité des données, des exigences en matière d'étiquetage des produits, et plus encore. Il est crucial de comprendre ces lois et de s'assurer que votre boutique est en conformité pour éviter les amendes ou les litiges juridiques.

Enfin, il est important de prendre en compte les aspects logistiques de l'expansion internationale. Cela peut inclure la gestion des expéditions internationales, la gestion des taux de change, et la mise en place de systèmes de paiement qui acceptent les devises étrangères.

En résumé, la gestion de la croissance internationale est un processus complexe qui nécessite une planification et une recherche approfondies. Cependant, avec la bonne stratégie et les bons outils, vous pouvez surmonter ces défis et ouvrir votre boutique Shopify à un public mondial beaucoup plus large.

7. Conclusion

La gestion de la croissance d'une boutique Shopify est un processus complexe qui implique de nombreux défis. Que ce soit la gestion de l'inventaire et des fournisseurs, le maintien de la qualité du service client, la gestion des retours et des remboursements, l'optimisation de la conversion et l'augmentation de la valeur moyenne des commandes, l'analyse et l'optimisation des performances, ou la gestion de la croissance internationale, chaque aspect nécessite une attention particulière et une stratégie bien pensée.

Cependant, ces défis ne doivent pas être vus comme des obstacles insurmontables, mais plutôt comme des opportunités d'apprentissage et de croissance. Avec les bonnes stratégies, les outils appropriés et une approche proactive, vous pouvez les surmonter et continuer à développer votre entreprise.

Il est important de noter que la croissance ne se produit pas du jour au lendemain. C'est un processus qui nécessite du temps, de la patience et de la persévérance. Il est également essentiel de rester flexible et ouvert au changement, car le monde du commerce électronique évolue rapidement.

Enfin, n'oubliez pas que le succès d'une boutique Shopify ne se mesure pas seulement en termes de ventes ou de revenus, mais aussi en termes de satisfaction des clients, de fidélité à la marque et de réputation sur le marché. En gardant ces facteurs à l'esprit et en vous efforçant constamment d'améliorer, vous pouvez non seulement gérer la croissance de votre boutique Shopify, mais aussi la mener vers un succès durable.

Chapitre 20 : Comment rester à jour avec les tendances du dropshipping

Le dropshipping est un domaine d'activité en constante évolution, caractérisé par une dynamique rapide et des changements incessants. Dans ce contexte, la capacité à rester à jour avec les dernières tendances est non seulement bénéfique, mais essentielle pour maintenir la compétitivité de votre boutique Shopify.

Les tendances du marché, qu'il s'agisse de nouveaux produits populaires, de préférences changeantes des consommateurs ou de nouvelles stratégies de marketing, peuvent changer rapidement et de manière imprévisible. Ce qui est populaire et rentable aujourd'hui peut ne pas l'être demain, et vice versa. Par conséquent, une veille constante du marché est nécessaire pour rester à l'avant-garde et ne pas se laisser distancer par les concurrents.

Cependant, suivre les tendances ne signifie pas seulement être conscient de ce qui se passe actuellement dans l'industrie. Il s'agit également d'anticiper les changements futurs et d'adapter votre stratégie en conséquence. Cela peut impliquer l'ajout de nouveaux produits à votre boutique, la modification de votre stratégie de marketing, ou même la refonte de votre site web pour refléter les dernières tendances et préférences des consommateurs.

En fin de compte, rester à jour avec les tendances du dropshipping est une tâche complexe qui nécessite une veille constante, une analyse approfondie et une capacité à s'adapter rapidement. Cependant, ceux qui réussissent à le faire seront bien placés pour tirer profit des opportunités qui se présentent et assurer la réussite et la croissance à long terme de leur boutique Shopify.

1. Comprendre l'importance des tendances

Les tendances du dropshipping jouent un rôle crucial dans la détermination du succès de votre entreprise. Elles peuvent influencer de nombreux aspects de votre activité, allant de la sélection des produits à la stratégie de marketing, en passant par le choix des fournisseurs et la conception de votre site web.

Par exemple, si une certaine catégorie de produits devient populaire, il peut être judicieux d'envisager de l'ajouter à votre boutique. Cela pourrait non seulement augmenter vos ventes, mais aussi attirer un nouveau segment de clients vers votre boutique. De plus, l'ajout de produits populaires peut améliorer la visibilité de votre boutique sur les moteurs de recherche, ce qui peut conduire à une augmentation du trafic et des ventes.

De même, si une nouvelle plateforme de médias sociaux gagne en popularité, vous pouvez envisager de l'utiliser pour votre marketing. Les plateformes de médias sociaux sont d'excellents outils pour atteindre et engager votre public cible. En utilisant une plateforme populaire, vous pouvez augmenter la portée de votre marketing, améliorer l'engagement des clients et, finalement, augmenter les ventes.

Cependant, il est important de noter que suivre les tendances ne signifie pas nécessairement les adopter toutes. Certaines tendances peuvent ne pas être pertinentes pour votre entreprise ou votre public cible. Par conséquent, il est crucial d'évaluer chaque tendance en fonction de son potentiel d'impact sur votre entreprise avant de décider de l'adopter.

En fin de compte, comprendre l'importance des tendances et savoir comment les utiliser à votre avantage peut vous aider à rester compétitif dans le paysage dynamique du dropshipping.

2. Suivre les tendances du marché

Dans le monde en constante évolution du dropshipping, suivre les tendances du marché est une nécessité absolue. Heureusement, il existe de nombreuses façons de le faire, grâce à une variété d'outils et de ressources disponibles.

L'une des méthodes les plus efficaces pour suivre les tendances est d'utiliser des outils de recherche de marché tels que Google Trends. Cet outil vous permet de voir les tendances de recherche pour différents produits et catégories, vous donnant une idée claire de ce que les consommateurs recherchent actuellement. Vous pouvez utiliser ces informations pour anticiper la demande et ajouter des produits pertinents à votre boutique.

En plus de Google Trends, il existe d'autres outils de recherche de marché qui peuvent vous aider à suivre les tendances. Par exemple, des outils comme SEMRush et Ahrefs peuvent vous donner des informations sur les mots-clés populaires et les sujets tendance dans votre niche.

De plus, suivre les blogs, les forums et les sites d'information de l'industrie peut vous aider à rester à jour avec les dernières nouvelles et tendances. Ces sources peuvent fournir des informations précieuses sur les changements dans l'industrie, les nouvelles technologies et les stratégies de marketing efficaces.

Enfin, les médias sociaux sont une autre excellente façon de suivre les tendances. En suivant les influenceurs pertinents, en rejoignant les groupes de l'industrie et en surveillant les hashtags populaires, vous pouvez obtenir un aperçu en temps réel de ce qui est tendance.

Il est important de noter que suivre les tendances du marché nécessite un effort constant. Les tendances peuvent changer rapidement, et ce qui est populaire aujourd'hui peut ne pas l'être demain. Par conséquent, il est crucial de consacrer du temps chaque jour à la surveillance du marché et à l'adaptation de votre stratégie en conséquence.

3. Analyser les tendances du dropshipping

L'analyse des tendances du dropshipping est une étape cruciale qui va au-delà de la simple observation des mouvements du marché. Elle implique une évaluation approfondie et une interprétation des données pour prendre des décisions éclairées qui peuvent avoir un impact significatif sur votre entreprise.

Lors de l'analyse des tendances, il est important de prendre en compte une variété de facteurs. Par exemple, une augmentation de la popularité des produits de santé et de bien-être pourrait indiquer une prise de conscience croissante de l'importance de la santé et du bien-être parmi les consommateurs.

Cela pourrait être une opportunité pour vous d'ajouter des produits similaires à votre boutique, en répondant à la demande croissante et en attirant un nouveau segment de clients.

Cependant, il ne suffit pas de simplement ajouter des produits populaires à votre boutique. Il est également important de comprendre pourquoi ces produits sont populaires et comment ils s'intègrent dans le contexte plus large du marché. Par exemple, si ces produits sont populaires en raison d'une tendance à court terme, ils peuvent ne pas être une bonne option à long terme.

De même, si vous remarquez une baisse de la popularité des produits électroniques, cela pourrait indiquer un changement dans les préférences des consommateurs ou une saturation du marché. Dans ce cas, vous pouvez envisager de réduire votre stock de ces produits ou de chercher des moyens de les différencier de ceux de vos concurrents.

L'analyse des tendances du dropshipping peut également impliquer l'examen des données de vente, des commentaires des clients et des performances des produits similaires sur différentes plateformes. En combinant ces informations, vous pouvez obtenir une image plus complète des tendances du marché et prendre des décisions plus éclairées pour votre entreprise.

En fin de compte, l'analyse des tendances du dropshipping est une compétence essentielle pour tout entrepreneur en dropshipping. En comprenant les tendances du marché et en adaptant votre stratégie en conséquence, vous pouvez rester compétitif et assurer la croissance à long terme de votre entreprise.

4. Adapter votre stratégie en fonction des tendances

Une fois que vous avez identifié et analysé les tendances du dropshipping, l'étape suivante est d'adapter votre stratégie en conséquence. Cette adaptation est un processus dynamique qui nécessite une réflexion stratégique et une mise en œuvre efficace.

L'ajout de nouveaux produits à votre boutique est l'une des façons les plus directes d'adapter votre stratégie. Si vous avez identifié une tendance croissante pour certains types de produits, l'ajout de ces produits à votre boutique peut vous aider à capitaliser sur cette tendance et à augmenter vos ventes. Cependant, il est important de faire preuve de discernement lors de l'ajout de nouveaux produits. Assurez-vous que ces produits correspondent à votre marque et à votre public cible, et qu'ils sont de haute qualité.

La modification de votre stratégie de marketing est une autre façon d'adapter votre stratégie aux tendances. Par exemple, si vous remarquez que votre public cible utilise de plus en plus une certaine plateforme de médias sociaux, vous pouvez ajuster votre stratégie de marketing pour inclure cette plateforme. De même, si une certaine technique de marketing devient de plus en plus efficace dans votre industrie, comme le marketing d'influence ou le marketing de contenu, vous pouvez intégrer cette technique dans votre stratégie de marketing.

Enfin, la modification de votre site web pour refléter les dernières tendances peut également être une stratégie efficace. Cela peut impliquer la mise à jour de la conception de votre site web pour suivre les tendances du design web, l'ajout de nouvelles fonctionnalités qui sont devenues populaires, ou même la refonte de votre site web pour mieux répondre aux attentes de vos clients.

Il est important de noter que l'adaptation de votre stratégie aux tendances doit être un processus réfléchi. Il ne s'agit pas simplement de suivre chaque nouvelle tendance, mais de choisir celles qui ont le plus de sens pour votre entreprise et qui peuvent vous aider à atteindre vos objectifs à long terme. En restant flexible et en étant prêt à vous adapter, vous pouvez naviguer avec succès dans le paysage en constante évolution du dropshipping.

5. Exemples de tendances du dropshipping

Pour illustrer comment suivre et analyser les tendances du dropshipping, examinons quelques exemples de tendances récentes qui ont eu un impact significatif sur le marché.

a. Produits de santé et de bien-être

La pandémie de COVID-19 a conduit à une augmentation significative de la demande pour les produits de santé et de bien-être. Les consommateurs sont devenus plus conscients de l'importance de maintenir une bonne santé et un bien-être général, ce qui a conduit à une augmentation de la demande pour tout, des suppléments alimentaires aux équipements de fitness à domicile. Les produits qui soutiennent le bien-être mental, comme les kits de méditation ou les produits de relaxation, ont également vu une augmentation de la demande. En analysant cette tendance, vous pourriez envisager d'ajouter une gamme de produits de santé et de bien-être à votre boutique pour répondre à cette demande croissante.

b. Produits durables

Il y a une tendance croissante vers les produits durables et respectueux de l'environnement. Les consommateurs sont de plus en plus conscients de l'impact environnemental de leurs achats et cherchent à soutenir les entreprises qui partagent leurs valeurs écologiques. Cela comprend tout, des produits de beauté naturels aux produits ménagers écologiques, en passant par les vêtements fabriqués à partir de matériaux recyclés. En suivant cette tendance, vous pourriez envisager de proposer une gamme de produits durables dans votre boutique pour attirer ces consommateurs conscients de l'environnement.

c. Produits pour animaux de compagnie

Les produits pour animaux de compagnie sont toujours populaires, et cette tendance devrait se poursuivre à l'avenir. Avec l'augmentation du nombre de personnes possédant des animaux de compagnie, la demande pour tout, des jouets pour animaux de compagnie aux produits de santé pour animaux de compagnie, a augmenté. De plus, avec l'humanisation des animaux de compagnie, les propriétaires cherchent des produits de haute qualité et personnalisés pour leurs animaux de compagnie. En suivant cette tendance, vous pourriez envisager d'ajouter une gamme de produits pour animaux de compagnie à votre boutique pour répondre à cette demande croissante.

Ces exemples illustrent comment les tendances du dropshipping peuvent varier considérablement, couvrant différents produits, catégories et comportements des consommateurs. En suivant et en analysant ces tendances, vous pouvez adapter votre stratégie de dropshipping pour tirer parti de ces opportunités de marché.

6. Conclusion

Rester à jour avec les tendances du dropshipping est plus qu'une simple recommandation, c'est une nécessité impérative pour le succès de votre boutique Shopify. Le paysage du commerce électronique est en constante évolution, avec de nouvelles tendances, technologies et comportements des consommateurs qui émergent constamment. Pour rester compétitif, vous devez être capable de naviguer dans ce paysage dynamique et d'adapter votre entreprise en conséquence.

Suivre et analyser régulièrement les tendances du marché est une partie essentielle de cette adaptation. Cela vous permet de comprendre ce que les consommateurs veulent, comment leurs comportements changent, et quels produits ou services sont actuellement en demande. Avec ces informations, vous pouvez faire des choix éclairés sur les produits à stocker, les stratégies de marketing à utiliser, et comment présenter votre boutique pour attirer et retenir les clients.

Cependant, rester à jour avec les tendances du dropshipping ne signifie pas simplement réagir à chaque nouvelle tendance qui émerge. Il s'agit aussi de discerner les tendances passagères des changements durables, et de faire des choix stratégiques qui soutiennent la croissance à long terme de votre entreprise. Cela peut signifier ignorer certaines tendances, même si elles sont populaires, si elles ne correspondent pas à votre marque ou à votre public cible.

En fin de compte, rester à jour avec les tendances du dropshipping est un processus continu qui nécessite une veille constante, une analyse approfondie et une volonté d'expérimenter et d'innover. En le faisant, vous pouvez vous assurer que votre boutique Shopify reste compétitive, pertinente et attrayante pour les clients, aujourd'hui et à l'avenir.

Chapitre 21 : Conclusion ; comment réussir avec une boutique Shopify de dropshipping

Félicitations ! Vous êtes arrivé au terme de ce parcours d'apprentissage dédié au dropshipping avec Shopify. Au fil des chapitres, nous avons exploré ensemble les multiples facettes de cette forme de commerce électronique, de la création de votre boutique en ligne à l'optimisation de votre stratégie marketing, en passant par la sélection de vos produits et la gestion de votre service client.

Aujourd'hui, nous sommes prêts à conclure ce voyage. Mais avant de tourner la dernière page, prenons un moment pour réfléchir à tout ce que nous avons accompli. Chaque chapitre de ce cours a été conçu pour vous fournir les outils et les connaissances nécessaires pour construire et gérer une entreprise de dropshipping prospère. Vous avez appris comment naviguer dans l'écosystème de Shopify, comment choisir les bons produits et fournisseurs, comment optimiser votre boutique pour le SEO, et bien plus encore.

Ce chapitre final a pour objectif de consolider toutes ces connaissances acquises. Il s'agit de faire le lien entre les différents éléments que nous avons abordés et de vous montrer comment ils s'intègrent dans une vision globale de réussite. Nous allons revisiter certains des concepts clés, partager des histoires de réussite inspirantes et vous donner des conseils pratiques pour appliquer ce que vous avez appris dans votre propre entreprise de dropshipping.

Mais plus que tout, ce chapitre est là pour vous rappeler que le dropshipping n'est pas simplement une question de vendre des produits en ligne. Il s'agit de fournir de la valeur à vos clients, de créer une marque forte et de bâtir une entreprise durable. Avec les bonnes stratégies et une bonne dose de détermination, vous avez tout ce qu'il faut pour réussir dans votre entreprise de dropshipping. Alors, prêt pour ce dernier pas ? Allons-y !

1. Histoires de réussite

Le monde du dropshipping est rempli d'histoires de réussite qui peuvent servir de source d'inspiration et de motivation. Ces entrepreneurs ont commencé comme vous, avec une idée et la volonté de réussir. Leurs parcours illustrent parfaitement comment les concepts et les stratégies que nous avons abordés tout au long de ce cours peuvent être mis en pratique pour créer une entreprise de dropshipping prospère.

Prenons par exemple l'histoire d'Irwin Dominguez, un entrepreneur basé en Californie. Sans aucune expérience préalable dans le commerce électronique, Irwin a réussi à générer plus d'un million de dollars de revenus en seulement huit mois après avoir lancé son entreprise de dropshipping. Comment a-t-il réussi cet exploit ? En appliquant les principes de base du dropshipping que nous avons discutés : trouver une niche rentable, sélectionner les bons produits, créer une boutique en ligne attrayante et mettre en place une stratégie de marketing efficace.

Mais Irwin n'est pas le seul à avoir connu un tel succès. Il y a aussi l'histoire de Tim Kock, qui a créé une boutique de dropshipping qui a généré 6667$ en seulement 8 semaines. Tim a utilisé une approche différente, en se concentrant sur la création d'une marque forte et en utilisant le marketing d'influence pour attirer des clients.

Et puis il y a l'histoire de Sarah, une mère célibataire qui a réussi à transformer une petite boutique de dropshipping en une entreprise prospère qui lui permet aujourd'hui de vivre confortablement et de subvenir aux besoins de sa famille. Sarah a mis l'accent sur l'excellent service client et la qualité des produits pour se démarquer de la concurrence.

Ces histoires de réussite montrent qu'il n'y a pas une seule "bonne" façon de réussir dans le dropshipping. Chaque entrepreneur a utilisé une combinaison unique de stratégies et de tactiques pour atteindre ses objectifs. Ce qui est important, c'est de comprendre les principes de base du dropshipping, de connaître votre marché et vos clients, et d'être prêt à travailler dur et à apprendre de vos erreurs. Avec ces éléments en place, vous avez toutes les chances de rejoindre les rangs de ces entrepreneurs à succès.

2. Éléments clés à maîtriser pour réussir

a. Ajouter de la valeur

Dans le monde concurrentiel du dropshipping, la simple vente de produits ne suffit pas pour se démarquer et construire une entreprise prospère. Il est essentiel d'ajouter de la valeur pour vos clients au-delà de la transaction de base.

Cela peut se faire de plusieurs façons. Tout d'abord, en fournissant des informations de qualité. Cela peut prendre la forme de descriptions de produits détaillées et informatives, de blogs ou d'articles sur des sujets pertinents pour votre niche, ou de guides et de tutoriels qui aident vos clients à tirer le meilleur parti de leurs achats. Par exemple, si vous vendez des équipements de fitness, vous pourriez créer des guides d'entraînement, des vidéos de démonstration d'exercices ou des articles sur la nutrition et le bien-être. Ces contenus ajoutent de la valeur en aidant vos clients à atteindre leurs objectifs et en renforçant leur confiance en votre marque.

Deuxièmement, vous pouvez ajouter de la valeur en résolvant les problèmes de vos clients. Cela peut impliquer de répondre rapidement et efficacement aux questions et aux préoccupations des clients, de fournir une assistance pour les problèmes de livraison ou de produit, ou de proposer des solutions innovantes pour répondre aux besoins spécifiques de vos clients. Par exemple, si vous vendez des produits électroniques, vous pourriez offrir un service de support technique ou des guides de dépannage pour aider vos clients à résoudre les problèmes courants.

Enfin, vous pouvez ajouter de la valeur en offrant des produits uniques qui répondent aux besoins spécifiques de vos clients. Cela peut impliquer de choisir des produits de niche qui ne sont pas facilement disponibles ailleurs, de créer vos propres produits ou designs exclusifs, ou de personnaliser vos produits en fonction des préférences de vos clients. Par exemple, si vous vendez des bijoux, vous pourriez offrir des options de personnalisation comme la gravure de noms ou de messages spéciaux.

En somme, ajouter de la valeur pour vos clients signifie aller au-delà de la simple vente de produits. Il s'agit de créer une expérience d'achat positive, de répondre aux besoins et aux désirs de vos clients, et de construire une relation à long terme qui encourage la fidélité et les achats répétés.

b. Marketing et SEO

Le trafic est l'élément vital de toute entreprise de commerce électronique. Sans visiteurs pour parcourir vos produits et effectuer des achats, votre boutique en ligne ne peut tout simplement pas prospérer. C'est pourquoi il est essentiel de maîtriser différentes stratégies de marketing et de comprendre le rôle du SEO (Search Engine Optimization) pour attirer des visiteurs sur votre boutique.

Le marketing pour votre boutique de dropshipping peut prendre de nombreuses formes. Cela peut inclure le marketing sur les réseaux sociaux, où vous utilisez des plateformes comme Facebook, Instagram, et Pinterest pour atteindre votre public cible et les inciter à visiter votre boutique. Cela peut également inclure le marketing par e-mail, où vous construisez une liste d'abonnés et leur envoyez régulièrement des mises à jour sur les nouveaux produits, les promotions, et d'autres nouvelles de votre boutique.

Le marketing d'influence est une autre stratégie puissante, où vous collaborez avec des influenceurs dans votre niche pour promouvoir vos produits à leur audience. Et bien sûr, il y a la publicité payante, où vous utilisez des plateformes comme Google AdWords ou Facebook Ads pour atteindre un public plus large.

En parallèle de ces efforts de marketing, le SEO joue un rôle crucial dans l'attraction de visiteurs sur votre boutique. Le SEO implique l'optimisation de votre boutique et de vos listes de produits pour les moteurs de recherche, afin que lorsque les gens recherchent des produits comme les vôtres, ils trouvent votre boutique dans les résultats de recherche. Cela peut impliquer l'utilisation de mots-clés pertinents dans vos descriptions de produits, l'optimisation de la structure de votre site pour les moteurs de recherche, et la création de contenu de qualité qui peut attirer des liens vers votre site.

En somme, le marketing et le SEO sont deux aspects essentiels de la gestion d'une boutique de dropshipping réussie. En maîtrisant ces compétences, vous pouvez attirer un flux régulier de visiteurs sur votre boutique, augmenter votre visibilité en ligne, et finalement, augmenter vos ventes et vos profits.

c. Spécialisation

Dans le monde du dropshipping, choisir de se spécialiser dans un certain produit ou créneau peut vous donner un avantage concurrentiel significatif. Au lieu d'essayer de vendre un peu de tout à tout le monde, la spécialisation vous permet de vous concentrer sur les besoins spécifiques de votre public cible et de vous positionner comme un expert dans votre domaine.

La spécialisation peut prendre plusieurs formes. Par exemple, vous pouvez choisir de vous concentrer sur un type de produit spécifique, comme les vêtements de yoga écologiques, les accessoires de photographie vintage, ou les jouets éducatifs pour enfants. En vous concentrant sur un type de produit spécifique, vous pouvez approfondir votre connaissance de ce produit, comprendre ce qui fait un bon produit dans ce domaine, et sélectionner les meilleurs produits pour votre boutique.

Alternativement, vous pouvez choisir de vous spécialiser dans un créneau de marché spécifique. Par exemple, vous pourriez décider de cibler les amateurs de yoga, les photographes amateurs, ou les parents d'enfants en âge préscolaire. En vous concentrant sur un créneau de marché spécifique, vous pouvez mieux comprendre les besoins, les désirs et les défis de ce groupe, et sélectionner des produits qui répondent spécifiquement à ces besoins.

La spécialisation peut également vous aider à vous démarquer de la concurrence. Dans un marché encombré, être perçu comme un expert dans un domaine spécifique peut vous aider à gagner la confiance des clients et à construire une marque forte. De plus, en vous concentrant sur un créneau spécifique, vous pouvez souvent éviter la concurrence directe avec les grands détaillants et les sites de commerce électronique généralistes.

En somme, la spécialisation est une stratégie puissante pour réussir dans le dropshipping. En choisissant de vous concentrer sur un produit ou un créneau spécifique, vous pouvez mieux servir vos clients, vous démarquer de la concurrence, et positionner votre boutique pour le succès à long terme.

d. Perspective à long terme

Il est important de comprendre que le dropshipping n'est pas un schéma de richesse rapide. Comme toute entreprise, la construction d'une entreprise de dropshipping réussie nécessite du temps, de la patience et de la persévérance. Il est essentiel d'adopter une perspective à long terme et de ne pas se décourager si vous ne voyez pas de résultats immédiats.

Le dropshipping, comme toute autre entreprise, a ses propres défis et obstacles. Il peut y avoir des périodes de ventes lentes, des problèmes avec les fournisseurs, des problèmes techniques avec votre boutique en ligne, et bien d'autres défis. Cependant, ces défis ne sont pas insurmontables. Avec de la persévérance, de l'apprentissage continu et une volonté d'ajuster et d'améliorer votre stratégie, vous pouvez surmonter ces obstacles et construire une entreprise prospère.

De plus, il est important de ne pas se concentrer uniquement sur les ventes à court terme. Bien que générer des ventes soit bien sûr important, il est également essentiel de construire des relations à long terme avec vos clients. Cela peut impliquer de fournir un excellent service client, de créer une marque forte et attrayante, et de travailler à la fidélisation des clients. Les clients fidèles qui reviennent encore et encore peuvent être une source précieuse de revenus à long terme pour votre entreprise.

Enfin, il est important de continuer à apprendre et à se développer en tant qu'entrepreneur. Le monde du commerce électronique et du dropshipping évolue constamment, avec de nouvelles tendances, de nouveaux outils et de nouvelles stratégies émergeant régulièrement. En restant à jour avec ces développements et en cherchant constamment à améliorer vos compétences et vos connaissances, vous pouvez vous assurer que votre entreprise reste compétitive à long terme.

En somme, la réussite dans le dropshipping nécessite une perspective à long terme. Il faut de la patience, de la persévérance, et une volonté d'apprendre et de s'adapter. Ne vous découragez pas si vous ne voyez pas de résultats immédiats - avec le temps et l'effort, vous pouvez construire une entreprise de dropshipping prospère.

e. Service client exceptionnel

Dans le monde du commerce électronique, un excellent service client est non seulement souhaitable, mais absolument essentiel. Il peut faire la différence entre une entreprise qui survit et une entreprise qui prospère. Un service client exceptionnel peut vous aider à construire une bonne réputation, à fidéliser vos clients et à générer des affaires répétées.

Un excellent service client commence par une communication claire et rapide. Les clients apprécient les réponses rapides à leurs questions ou préoccupations. Que ce soit par e-mail, chat en direct ou réseaux sociaux, assurez-vous de répondre rapidement aux demandes des clients. Même si vous ne pouvez pas résoudre immédiatement un problème, une réponse rapide pour informer le client que vous travaillez sur sa demande peut aller loin dans la construction de la confiance.

Résoudre les problèmes de manière efficace est également crucial. Cela peut impliquer de travailler avec vos fournisseurs pour résoudre les problèmes de livraison, de gérer les retours et les remboursements de manière équitable, ou de trouver des solutions créatives aux problèmes uniques des clients. N'oubliez pas que chaque problème résolu de manière satisfaisante peut transformer un client mécontent en un défenseur de votre marque.

Mais un excellent service client ne se limite pas à la gestion des problèmes. Il s'agit également de créer une expérience positive pour vos clients à chaque étape du processus d'achat. Cela peut impliquer de fournir des descriptions de produits détaillées et précises, de rendre le processus de commande aussi simple et fluide que possible, et de suivre avec des e-mails de remerciement ou des offres personnalisées après l'achat.

Enfin, n'oubliez pas que le service client est une opportunité d'apprendre de vos clients. Les commentaires et les retours d'information des clients peuvent vous fournir des informations précieuses sur vos produits et votre boutique, et vous aider à identifier les domaines où vous pouvez améliorer.

En somme, un service client exceptionnel est un élément clé de la réussite dans le dropshipping. En répondant rapidement aux demandes des clients, en résolvant les problèmes de manière efficace, et en travaillant constamment pour améliorer l'expérience client, vous pouvez construire une réputation solide et fidéliser vos clients pour des affaires répétées.

f. Éviter la paralysie par l'analyse

Dans le monde du dropshipping, il y a une multitude de décisions à prendre - quel créneau choisir, quels produits vendre, comment commercialiser votre boutique, et bien plus encore. Avec autant de variables à considérer, il peut être facile de tomber dans le piège de la "paralysie par l'analyse", où vous passez tellement de temps à analyser et à réfléchir à vos options que vous finissez par ne rien faire du tout.

Il est important de comprendre que la perfection n'est pas atteignable et que l'incertitude fait partie de l'entrepreneuriat. Bien sûr, il est important de faire vos recherches et de planifier soigneusement, mais à un certain moment, vous devez prendre une décision et agir. Que ce soit pour choisir un produit, lancer une campagne marketing ou résoudre un problème de service client, l'action est souvent le meilleur remède contre la paralysie par l'analyse.

De plus, rappelez-vous que les erreurs sont une partie inévitable et précieuse du processus d'apprentissage. Chaque erreur ou échec est une opportunité d'apprendre et de s'améliorer. Si une certaine approche ne fonctionne pas, vous pouvez toujours ajuster votre stratégie et essayer quelque chose de nouveau. En fait, la capacité à apprendre rapidement de vos erreurs et à pivoter en conséquence est l'une des compétences les plus précieuses qu'un entrepreneur de dropshipping puisse posséder.

En somme, ne vous laissez pas paralyser par l'analyse. Faites vos recherches, planifiez soigneusement, mais n'oubliez pas que l'action est la clé du progrès. Prenez des décisions, apprenez de vos erreurs, et n'ayez pas peur d'ajuster votre stratégie en cours de route. Avec cette approche, vous pouvez continuer à avancer, à apprendre et à grandir en tant qu'entrepreneur de dropshipping.

3. FAQ courantes

Le dropshipping, comme tout autre modèle d'affaires, est entouré de nombreuses idées fausses et de questions fréquemment posées. Ces idées fausses peuvent souvent décourager les nouveaux entrepreneurs ou les conduire à prendre des décisions basées sur des informations incorrectes. Voici quelques-unes des idées fausses les plus courantes sur le dropshipping, et la vérité derrière elles.

a. Le dropshipping n'est pas rentable

C'est probablement l'une des idées fausses les plus courantes sur le dropshipping. La vérité est que, comme toute autre entreprise, la rentabilité du dropshipping dépend de nombreux facteurs, notamment la sélection des produits, la stratégie de prix, la gestion des coûts et l'efficacité du marketing. Avec la bonne stratégie et une exécution efficace, le dropshipping peut certainement être une entreprise très rentable.

b. Il est trop tard pour commencer le dropshipping

Certaines personnes pensent que parce que le dropshipping est un modèle d'affaires populaire, le marché est saturé et il est trop tard pour commencer. Cependant, bien que le dropshipping soit devenu plus compétitif au fil des ans, il reste encore beaucoup d'opportunités pour ceux qui sont prêts à faire les recherches nécessaires et à trouver des niches de produits uniques. De plus, le commerce électronique continue de croître chaque année, ce qui signifie que de plus en plus de clients font leurs achats en ligne.

c. Le dropshipping est facile

Une autre idée fausse courante est que le dropshipping est un moyen facile de gagner de l'argent en ligne. Bien que le dropshipping ait certains avantages, comme l'absence de besoin de gérer un inventaire physique, il comporte également ses propres défis. Cela nécessite une recherche de marché approfondie, une excellente gestion de la relation client, une stratégie de marketing efficace, et une capacité à gérer les problèmes logistiques et les problèmes de fournisseurs.

d. Tous les produits peuvent être dropshippés

Bien que le dropshipping offre une grande flexibilité en termes de types de produits que vous pouvez vendre, tous les produits ne sont pas idéaux pour le dropshipping. Par exemple, les produits qui sont très lourds ou encombrants peuvent ne pas être rentables à dropshipper en raison des coûts d'expédition élevés. De même, les produits qui nécessitent beaucoup de service après-vente ou de support technique peuvent également ne pas être idéaux pour le dropshipping.

En somme, il est important de faire vos propres recherches et de comprendre les réalités du dropshipping avant de vous lancer. Avec une bonne compréhension du modèle d'affaires et une stratégie solide, le dropshipping peut être une excellente façon de démarrer une entreprise en ligne.

4. Ressources supplémentaires

Pour continuer à approfondir vos connaissances sur le dropshipping, le SEO, le marketing, et d'autres aspects du commerce électronique, voici une liste de ressources en ligne précieuses :

- **Blog de Shopify** : Pour des conseils sur le commerce électronique et le dropshipping.
- **Moz Blog** : Pour apprendre le SEO.
- **HubSpot Blog** : Pour le marketing numérique.
- **Ahrefs Blog** : Une autre excellente ressource pour le SEO et le marketing de contenu.
- **Neil Patel's Blog** : Pour des stratégies de marketing numérique avancées.
- **Ecommerce Fuel** : Pour des conseils sur le commerce électronique pour les entreprises à 6 et 7 chiffres.
- Oberlo Blog : Spécifiquement pour le dropshipping.
- **Ecommerce Bytes** : Pour des nouvelles et des informations sur le commerce électronique.
- **Reddit r/dropship** : Un forum communautaire pour les dropshippers.
- **Google Digital Garage** : Pour des cours gratuits sur le marketing numérique.
- **Coursera et Udemy** : Pour des cours en ligne sur le commerce électronique, le SEO, et le marketing.
- **Google Trends** : Pour identifier les tendances des produits.
- **AliExpress Dropshipping Center** : Pour trouver des produits à dropshipper.
- **DigitalMarketer Blog** : Pour des stratégies de marketing numérique avancées.
- **Search Engine Journal** : Pour des conseils et des actualités sur le SEO et le SEM.
- **Social Media Examiner** : Pour des stratégies de marketing sur les réseaux sociaux.
- **Kissmetrics Blog** : Pour des informations sur l'analyse et le suivi des données.
- **Practical Ecommerce** : Pour des conseils pratiques sur le commerce électronique.
- **Yotpo Blog** : Pour des conseils sur la fidélisation des clients et les avis.
- **Ecom Elites Blog** : Pour des conseils sur le dropshipping et le commerce électronique.
- **Reddit r/ecommerce** : Un autre forum communautaire pour les entrepreneurs du commerce électronique.

- **LinkedIn Learning** : Pour des cours en ligne sur le commerce électronique, le SEO, et le marketing.
- **Skillshare** : Pour des cours en ligne sur une variété de sujets liés au commerce électronique.
- **Jungle Scout Blog** : Pour des conseils sur la vente sur Amazon.
- **SaleHoo Blog** : Pour des conseils sur le dropshipping et la vente en gros.
- **Ecomdash Blog** : Pour des conseils sur la gestion de l'inventaire et l'expédition.
- **Alibaba Insights** : Pour des informations sur les tendances du marché et les fournisseurs.
- **Google Keyword Planner** : Pour la recherche de mots-clés pour le SEO.

Ces ressources peuvent vous aider à rester à jour avec les dernières tendances et stratégies dans le monde en constante évolution du commerce électronique.

5. Conclusion

En conclusion, le dropshipping est une aventure entrepreneuriale extraordinaire, une véritable odyssée dans le monde fascinant du commerce électronique. C'est une entreprise qui peut être lancée avec un investissement initial modeste, mais qui a le potentiel de vous offrir des rendements impressionnants. C'est une opportunité unique de plonger dans le monde dynamique du commerce électronique, de découvrir de nouveaux marchés et de connecter des clients du monde entier avec les produits qu'ils recherchent.

Grâce à ce cours, vous avez acquis une panoplie de connaissances et de compétences précieuses. Vous avez appris comment créer et gérer votre propre boutique Shopify, comment sélectionner les bons produits et fournisseurs, comment optimiser votre site pour le SEO, comment mettre en place des stratégies de marketing efficaces, et bien plus encore.

Et maintenant, le moment est venu ! Il est temps de passer à l'action et de lancer votre propre entreprise de dropshipping. Le monde du commerce électronique vous attend avec impatience. Oui, il est normal et même attendu d'avoir des peurs et des doutes lorsque vous entreprenez quelque chose de nouveau et d'inconnu. Mais ne laissez pas ces peurs vous empêcher de réaliser vos rêves. Souvenez-vous, chaque échec est une étape vers le succès, une occasion d'apprendre, de grandir et de s'améliorer.

Le dropshipping n'est pas un schéma de richesse rapide, c'est une aventure qui nécessite du temps, de l'effort et de la persévérance. Il y aura des défis et des obstacles en cours de route, mais avec de la détermination et une volonté d'apprendre, vous pouvez les surmonter. Et surtout, n'oubliez pas de prendre du plaisir dans le processus. Après tout, l'entrepreneuriat n'est pas seulement une question de profits, mais aussi de passion et de réalisation personnelle.

Célébrez chaque succès, petit ou grand. Chaque vente, chaque retour positif d'un client, chaque objectif atteint est une validation de votre travail acharné et de votre détermination. Ces moments de succès sont précieux et méritent d'être célébrés.

Le monde du commerce électronique est en constante évolution, avec de nouvelles tendances, de nouvelles technologies et de nouvelles opportunités qui émergent tout le temps. Pour réussir, il est essentiel de rester curieux, de continuer à apprendre et de s'adapter aux changements.

Le voyage vers le succès en dropshipping peut être un défi, mais il est également incroyablement gratifiant. Avec les connaissances que vous avez acquises dans ce cours, vous êtes parfaitement préparé pour commencer votre voyage. Alors, n'hésitez plus, lancez-vous et réalisez vos rêves d'entrepreneuriat. Nous sommes impatients de voir ce que vous allez accomplir. Bonne chance et bon voyage dans cette aventure passionnante !

Glossaire

1. **Dropshipping** : Modèle d'affaires où le détaillant ne garde pas les produits en stock mais transfère les commandes des clients au fabricant ou à un autre détaillant.
2. **Shopify** : Plateforme de commerce électronique permettant de créer une boutique en ligne et de vendre des produits.
3. **Niche** : Segment spécifique du marché, caractérisé par un groupe cible particulier ou un produit spécialisé.
4. **Fournisseur de dropshipping** : Entreprise qui produit et/ou stocke des produits, puis les expédie directement au client au nom du détaillant de dropshipping.
5. **SEO** (Search Engine Optimization) : Techniques utilisées pour améliorer le classement d'un site web dans les résultats de recherche des moteurs de recherche.
6. **Google Analytics** : Service gratuit de Google qui permet de suivre et de rapporter le trafic d'un site web.
7. **Facebook Pixel** : Code placé sur un site web pour suivre les conversions des publicités Facebook, créer des audiences pour les futures publicités et remarketer les personnes qui ont déjà effectué une action sur le site web.
8. **Marketing par e-mail** : Forme de marketing direct qui utilise le courrier électronique pour promouvoir les produits ou services d'une entreprise.
9. **Marketing d'influence** : Forme de marketing social qui utilise des endorsements et des mentions de produit de personnes qui ont un niveau dédié de suivi social.
10. **Service client** : Assistance et conseils qu'une entreprise fournit à ceux qui achètent ou utilisent ses produits ou services.
11. **Valeur moyenne des commandes** (AOV) : Moyenne du montant total dépensé chaque fois qu'un client passe une commande sur un site web ou une application mobile.
12. **Taux de conversion** : Pourcentage de visiteurs d'un site web qui accomplissent l'action désirée.
13. **Remarketing** : Stratégie de marketing qui cible les personnes qui ont déjà visité votre site web mais qui n'ont pas effectué l'action souhaitée.

14. **Tendances du dropshipping** : Changements et évolutions dans le monde du dropshipping qui peuvent affecter la façon dont vous gérez votre entreprise.
15. **Paiement en ligne** : Transaction effectuée par le biais d'Internet qui implique l'échange de fonds électroniques.
16. **Expédition** : Processus d'envoi de marchandises du fournisseur au client.
17. **Thème Shopify** : Modèle de design pour les boutiques Shopify.
18. **Optimisation de la boutique** : Processus d'amélioration de l'efficacité et de l'efficience de la boutique en ligne.
19. **Google Ads** : Plateforme publicitaire en ligne où les annonceurs paient pour afficher des annonces, des annonces de service, des produits, des vidéos, etc.
20. **Facebook Ads** : Plateforme publicitaire qui permet aux entreprises de créer des annonces ciblées pour atteindre différents publics.
21. **Instagram Ads** : Publicités qui apparaissent sur Instagram et qui peuvent être ciblées en fonction de divers facteurs démographiques et comportementaux.
22. **Publicité payante** : Forme de publicité où les entreprises paient pour afficher leurs annonces sur différentes plateformes.
23. **Retours** : Processus par lequel les clients renvoient les produits qu'ils ont achetés.
24. **Remboursements** : Retour d'argent à un client suite à un retour de produit ou à une insatisfaction.
25. **Avis des clients** : Feedback laissé par les clients sur les produits ou services qu'ils ont achetés.
26. **Upselling** : Technique de vente où le vendeur incite le client à acheter un produit plus cher, une mise à niveau ou un autre article pour rendre la vente plus rentable.
27. **Cross-selling** : Technique de vente où le vendeur incite le client à acheter des produits complémentaires ou connexes.
28. **Analyse des performances** : Processus d'évaluation de l'efficacité et de l'efficience d'une entreprise.
29. **Gestion de la croissance** : Stratégies et pratiques visant à gérer et à soutenir la croissance d'une entreprise.
30. **Défis de la gestion** : Problèmes et obstacles auxquels sont confrontés les gestionnaires lorsqu'ils dirigent une entreprise.

31. **Tendances du marché** : Mouvements et évolutions du marché qui peuvent affecter une entreprise.
32. **Stratégie de marketing** : Plan d'action conçu pour promouvoir et vendre des produits ou services.
33. **Marketing sur les réseaux sociaux** : Utilisation des plateformes de médias sociaux pour promouvoir un produit ou un service.
34. **Politique de retour** : Règles et procédures établies par une entreprise pour gérer le retour des produits par les clients.
35. **Gestion des remboursements** : Processus de retour d'argent à un client suite à un retour de produit ou à une insatisfaction.
36. **Gestion des avis des clients** : Processus de collecte, de gestion et de réponse aux avis laissés par les clients.
37. **Inventaire** : Quantité totale de biens et/ou de matériaux qu'une entreprise a en stock à un moment donné.
38. **Produits à forte marge** : Produits qui génèrent une marge bénéficiaire élevée par rapport à leur coût.
39. **Produits à faible marge** : Produits qui génèrent une marge bénéficiaire faible par rapport à leur coût.
40. **Produits tendance** : Produits qui sont actuellement populaires ou à la mode.
41. **Produits saisonniers** : Produits qui sont populaires ou en demande pendant certaines saisons ou périodes de l'année.
42. **Produits intemporels** : Produits qui maintiennent leur popularité et leur demande au fil du temps, indépendamment des tendances ou des saisons.
43. **Produits de niche** : Produits qui sont destinés à servir un segment de marché spécifique ou un groupe cible.
44. **Produits de masse** : Produits qui sont destinés à servir un large public ou un grand segment de marché.
45. **B2B** (Business to Business) : Transactions commerciales entre deux entreprises, comme entre un fabricant et un grossiste, ou entre un grossiste et un détaillant.
46. **B2C** (Business to Consumer) : Transactions commerciales entre une entreprise et un consommateur final.
47. **C2C** (Consumer to Consumer) : Transactions commerciales entre deux consommateurs, généralement facilitées par une plateforme tierce.
48. **E-commerce** : Activité d'achat ou de vente de biens ou de services en ligne.

49. **M-commerce** : Achat et vente de biens et de services à travers des appareils mobiles sans fil.
50. **Logistique** : Gestion de l'entreposage et de la distribution de biens.
51. **Frais de port** : Coût associé à l'expédition d'un article d'un endroit à un autre.
52. **Livraison gratuite** : Service d'expédition où l'entreprise absorbe les frais de port, de sorte que le client n'a pas à payer pour l'expédition.
53. **Livraison express** : Service d'expédition rapide qui garantit la livraison des produits dans un délai plus court que la livraison standard.
54. **Livraison standard** : Service d'expédition qui n'offre pas de livraison rapide, mais qui est généralement moins cher que la livraison express.
55. **Livraison différée** : Service d'expédition où le client choisit une date de livraison future.
56. **Livraison en point relais** : Service d'expédition où le client récupère sa commande dans un lieu spécifique plutôt que de se faire livrer à domicile.
57. **Livraison à domicile** : Service d'expédition où les produits sont livrés directement à la résidence du client.
58. **Click and Collect** : Service où les clients peuvent acheter des produits en ligne et les récupérer en magasin.
59. **Marketplace** : Plateforme en ligne où les produits de différents vendeurs sont vendus.
60. **Prestataire de services de paiement** : Entreprise qui fournit des services de traitement des paiements en ligne aux marchands.
61. **Paiement sécurisé** : Paiement effectué par le biais d'un système qui protège les informations de la carte de crédit et autres données sensibles.
62. **Paiement en plusieurs fois** : Option de paiement qui permet aux clients de payer pour leurs achats en plusieurs versements sur une période.
63. **Paiement à la livraison** : Option de paiement où le client paie pour les produits au moment de la livraison.
64. **Paiement à la commande** : Option de paiement où le client paie pour les produits au moment de passer la commande.
65. **Paiement différé** : Option de paiement qui permet aux clients de recevoir un produit avant de le payer.
66. **Carte de crédit** : Moyen de paiement qui permet aux titulaires de payer des biens et des services sur la base du titulaire ayant promis de payer pour eux.

67. **Paypal** : Service de paiement en ligne qui permet aux individus et aux entreprises de transférer des fonds électroniquement.

68. **Virement bancaire** : Transfert de fonds d'un compte bancaire à un autre.

69. **Chèque** : Document qui ordonne à une banque de payer une somme spécifique d'un compte du rédacteur du chèque à une personne ou à une entreprise.

70. **Cryptomonnaie** : Type de monnaie numérique qui utilise la cryptographie pour sécuriser les transactions et contrôler la création de nouvelles unités.

71. **Panier d'achat** : Interface sur un site web de commerce électronique qui permet aux utilisateurs de placer des articles qu'ils souhaitent acheter.

72. **Page de produit** : Page sur un site web de commerce électronique qui donne des détails sur un produit spécifique.

73. **Page d'accueil** : Première page qu'un visiteur voit lorsqu'il arrive sur un site web.

74. **Page de catégorie** : Page sur un site web de commerce électronique qui affiche une liste de produits d'une certaine catégorie.

75. **Page de contact** : Page sur un site web qui fournit des informations sur la façon de contacter l'entreprise.

76. **Page "A propos"** : Page sur un site web qui donne des informations sur l'entreprise.

77. **Blog** : Section d'un site web qui contient des articles, généralement écrits par l'entreprise ou le propriétaire du site web.

78. **Newsletter** : Bulletin d'information régulier envoyé par e-mail aux abonnés.

79. **Pop-up** : Type de fenêtre qui s'ouvre sans l'interaction de l'utilisateur lorsqu'il visite un site web.

80. **Bannière** : Grand panneau publicitaire placé sur un site web.

81. **Slider** : Élément graphique qui affiche plusieurs éléments (généralement des images) dans une séquence rotative.

82. **Footer** : Section en bas de la page d'un site web qui contient généralement des informations telles que les coordonnées de l'entreprise, les liens vers les politiques de l'entreprise, etc.

83. **Header** : Section en haut de la page d'un site web qui contient généralement le logo de l'entreprise, le menu de navigation, etc.

84. **Menu de navigation** : Barre de menu ou liste de liens qui aide les visiteurs à naviguer sur un site web.

85. **Filtres de recherche** : Outils qui aident les utilisateurs à affiner leurs résultats de recherche sur un site web.

86. **Moteur de recherche interne** : Outil qui permet aux utilisateurs de rechercher du contenu spécifique sur un site web.

87. **Chat en ligne** : Service qui permet aux utilisateurs de communiquer en temps réel sur un site web.

88. **FAQ** (Foire Aux Questions) : Page sur un site web qui contient des réponses à des questions couramment posées.

89. **CGV** (Conditions Générales de Vente) : Document qui définit les termes et conditions sous lesquels une entreprise vend ses produits ou services à ses clients.

90. **Mentions légales** : Informations requises par la loi à fournir sur un site web, généralement concernant l'identité de l'entreprise, les conditions d'utilisation du site, etc.

91. **Politique de confidentialité** : Document qui explique comment une entreprise recueille, utilise et gère les données des utilisateurs.

92. **Cookies** : Petits fichiers de données stockés sur l'ordinateur d'un utilisateur par un site web, généralement utilisés pour suivre les préférences de l'utilisateur et les activités de navigation.

93. **Back-office** : Partie d'un système d'information d'entreprise qui est utilisée pour gérer les opérations qui ne sont pas directement liées aux clients, comme la gestion des stocks et des commandes.

94. **Front-office** : Partie d'un système d'information d'entreprise qui gère les interactions directes avec les clients, comme le site web de l'entreprise et le service client.

95. **CMS** (Content Management System) : Logiciel qui permet aux utilisateurs de créer, de gérer et de modifier le contenu d'un site web sans avoir besoin de connaissances techniques spécialisées.

96. **CRM** (Customer Relationship Management) : Logiciel qui aide les entreprises à gérer et à analyser les interactions avec leurs clients.

97. **ERP** (Enterprise Resource Planning) : Logiciel qui aide les entreprises à gérer et à intégrer les parties importantes de leur entreprise.

98. **PIM** (Product Information Management) : Logiciel qui aide les entreprises à gérer toutes les informations nécessaires pour commercialiser et vendre des produits.

99. **DMP** (Data Management Platform) : Plateforme qui collecte, organise et active les données provenant de différentes sources.

100.   **KPI** (Key Performance Indicator) : Mesure utilisée pour évaluer le succès d'une organisation ou d'une activité particulière.

A paraitre prochainement

1. Tutoriel sur l'utilisation de Oberlo pour le dropshipping
2. Tutoriel sur l'utilisation de Spocket pour trouver des fournisseurs de dropshipping
3. Tutoriel sur l'utilisation de Google Analytics pour le suivi des performances
4. Tutoriel sur l'utilisation de Facebook Ads Manager pour la publicité payante
5. Tutoriel sur l'utilisation de Google Ads pour la publicité payante
6. Tutoriel sur l'utilisation de Instagram Shopping pour le marketing sur les réseaux sociaux
7. Tutoriel sur l'utilisation de Mailchimp pour le marketing par e-mail
8. Tutoriel sur l'utilisation de Klaviyo pour le marketing par e-mail
9. Tutoriel sur l'utilisation de Hootsuite pour le marketing sur les réseaux sociaux
10. Tutoriel sur l'utilisation de Buffer pour le marketing sur les réseaux sociaux
11. Tutoriel sur l'utilisation de Yoast SEO pour l'optimisation du référencement
12. Tutoriel sur l'utilisation de SEMrush pour l'optimisation du référencement
13. Tutoriel sur l'utilisation de Tidio ou Zendesk pour le service client
14. Tutoriel sur l'utilisation de LiveChat pour le service client
15. Tutoriel sur l'utilisation de Aftership pour la gestion des retours
16. Tutoriel sur l'utilisation de Returnly pour la gestion des retours
17. Tutoriel sur l'utilisation de Yotpo pour la gestion des avis clients
18. Tutoriel sur l'utilisation de Trustpilot pour la gestion des avis clients
19. Tutoriel sur l'utilisation de Google Trends pour rester à jour avec les tendances du dropshipping
20. Tutoriel sur l'utilisation de Jungle Scout pour la recherche de produits
21. Tutoriel sur l'utilisation de Canva pour la création de contenu visuel
22. Tutoriel sur l'utilisation de Unbounce pour la création de pages de destination